C.H.BECK WISSEN

in der Beck'schen Reihe

Überall dort, wo sich Menschen in organisierter Form, in Beruf oder Verein, zusammenfinden, kann es zu Spannungen, Reibungsverlusten oder Konflikten kommen, oft mit verhängnisvollen psychischen Folgen für den Einzelnen und entsprechend negativen Auswirkungen auf das Arbeitsergebnis. Seit langem werden deshalb in Wirtschaft, Verwaltung und Politik, im Gesundheits- und Sozialwesen sowie im Sport verschiedene Formen der psychosozialen Unterstützung, Begleitung und Reflexion von Arbeitsprozessen eingesetzt. Eine Tätigkeit, die mit dem Begriff *Supervision* bezeichnet wird und dem Ziel dient, die Beziehungen der Menschen in bzw. bei der Arbeit zu verbessern.

In dieser praxisbezogenen Einführung bietet ein renommierter Fachmann einen ebenso sachkundigen wie gut verständlichen Einblick über die Entwicklung und Möglichkeiten der Supervision. Er erläutert die ihr zugrunde liegenden Erkenntnisse aus den verschiedenen Bezugswissenschaften und vermittelt ein differenziertes Bild von der professionellen Arbeit des Supervisors.

Univ.-Prof. Dr. phil. habil. *Nando Belardi* (*1946), Sozialwissenschaftler, Psychotherapie (HPG), Supervision (DGSv.), Lehrstuhl für Sozialpädagogik an der T.U. Chemnitz. Seine Publikationen über Beratung und Supervision wurden bisher in fünf Sprachen übersetzt. Er war tätig als Gastprofessor in Hongkong, Amsterdam, Wolgograd und Bozen.

Nando Belardi

SUPERVISION

Grundlagen, Techniken, Perspektiven

Verlag C. H. Beck

Mit 4 Abbildungen und 4 Tabellen

Die Deutsche Bibliothek – CIP-Einheitsaufnahme

Belardi, Nando:
Supervision : Grundlagen, Techniken, Perspektiven /
Nando Belardi. – Orig.-Ausg. – München : Beck, 2002
(C.H. Beck Wissen in der Beck'schen Reihe ; 2157)
ISBN 3 406 44757 0

Originalausgabe

Gesamtherstellung: Druckerei C. H. Beck, Nördlingen
Umschlagentwurf: Uwe Göbel, München
Printed in Germany
ISBN 3 406 44757 0

www.beck.de

Inhalt

Vorwort

In Wirtschaft, Verwaltung, Politik und Sport werden seit einigen Jahren immer häufiger verschiedene Formen der Unterstützung, Begleitung und Reflexion von Arbeitsprozessen, oft unter dem Stichwort „Coaching“, nachgefragt. Viel zu wenig bekannt ist, dass seit etwa einhundert Jahren in Sozialarbeit, Psychotherapie und Pädagogik – weitgehend unabhängig voneinander – neue Möglichkeiten zur Verbesserung der Beziehungen bei der Arbeit entwickelt worden sind. Diese Verfahren sind sowohl in der Praxis bewährt als auch wissenschaftlich untersucht und in ihrer Wirksamkeit bestätigt. Unter dem Oberbegriff *Supervision* finden diese Angebote immer mehr Anklang in den Bereichen des Gesundheitswesens, der öffentlichen Verwaltung sowie der Wirtschaft.

Dieses Buch möchte eine praxisbezogene Einführung in das *Beratungssystem Supervision* liefern. Dabei wird ein breites Verständnis von Supervision vertreten. Im Gegensatz zur bisherigen Supervisions-Fachliteratur werden hier auch Themen aus der Personalentwicklung, der Arbeits-, Betriebs- und Organisationspsychologie sowie aus der Organisationsentwicklung mit der Supervision verbunden. Denn alle diese Ansätze zielen auf Beratung, Verbesserung und Reflexion von beruflichen Prozessen zwischen Menschen in organisatorischen Zusammenhängen ab.

Herrn Joachim Müller danke ich für vielerlei technische Hilfe und für das kreative Anfertigen der Grafiken. Ebenso sei Frau Dr. Adelheid Hofmann, Frau Dipl.-Päd. Solvig Lukas, Frau cand. phil. Anne Uhlig und Frau cand. phil. Kathleen Berndt (alle von der Technischen Universität Chemnitz, Philosophische Fakultät, Lehrstuhl für Sozialpädagogik) für das Korrekturlesen und hilfreiche Hinweise gedankt.

Um Wortungeheuer zu vermeiden, wurde kapitelweise meistens abwechselnd die weibliche und die männliche Schreibweise verwendet.

I. Weshalb die Dienstleistungsgesellschaft Supervision benötigt

In der beruflichen Arbeit kann man, vereinfacht gesagt, zwischen *Wissen* und *Können* unterscheiden. Das fachliche *Wissen* wird eher über den „Kopf" vermittelt; es veraltet vor allem im technischen Bereich relativ schnell und muss durch viele Formen der Weiterbildung ergänzt werden. Anders ist es mit dem *Können*. Denn hier geht es um die Anwendung des ehemals abstrakten Wissens in konkreten Situationen. Da man es dabei mit Menschen zu tun hat, sind soziale Kompetenzen vonnöten. Diese kann man selten oder gar nicht in der beruflichen Erstausbildung erlernen. Es scheint so, als ob die Kluft zwischen Wissen und Können immer größer wird.

1. Sozialkompetenzen ergänzen herkömmliche Berufsqualifikationen

Die Entwicklungsstadien der Wirtschaftsgesellschaft kannten in der Vergangenheit eine dominierende Produktionsweise; diese war verbunden mit jeweils einem knappen Faktor. Bekanntlich stellte in der *Agrargesellschaft* der Boden den wichtigen und knappen Faktor dar. In der nachfolgenden *Industriegesellschaft* mangelte es an Kapital. Auch deshalb kam diesem Faktor die zentrale Rolle zu. Die Industriegesellschaft ist inzwischen durch die *Dienstleistungsgesellschaft* abgelöst worden. Hier werden vor allem ökonomische und technische Fertigkeiten zur zeitgerechten Bereitstellung von Dienstleistungen nachgefragt. Im tertiären Sektor dominieren heute die Informationstätigkeiten, so dass man schon von einer Wissensgesellschaft bzw. Informationsgesellschaft sprechen könnte. Wie auch immer man die gegenwärtige Gesellschaft bezeichnet, gefordert ist eine grundsätzlich andere Kommunikationskultur. Vieles deutet darauf hin, dass die Gruppenproduktivität wichtiger ist als die Einzelleistung. Allerdings sind die Erziehungsziele in Familie, Schule und Universität noch allzu sehr am Ideal des „Einzelkämpfers" orientiert (Glotz 1999, S. 108).

Bekanntlich gelingen Dienstleistungen nur, wenn sowohl der Produzent als auch der Konsument bei der Erstellung der Dienstleistung zusammenarbeiten und übereinstimmen, also auch erfolgreich miteinander kommunizieren. Schon heute nehmen in den Dienstleistungsberufen die kommunikativen Tätigkeiten mindestens zwei Drittel der Arbeitszeit ein. Zwar stellen die herkömmlichen Einrichtungen für höhere Bildung, wie beispielsweise Fachschulen, Fachhochschulen und Universitäten, den Arbeitsmärkten gut ausgebildete jüngere Kräfte zur Verfügung; diesen mangelt es jedoch oft an den „Sozialkompetenzen" (auch „Schlüsselqualifikationen" genannt). Mit dem Begriff *Sozialkompetenzen* sind Fähigkeiten gemeint, die über das eigentliche berufliche und fachliche Wissen, etwa als Betriebswirt, Jurist oder Ingenieur, hinausgehen. Diese Kompetenzen sind über einen längeren Zeitablauf hin eher stabil und nicht so sehr den Veränderungen unterworfen wie das Fachwissen. Eine vom Institut der Wirtschaft in Auftrag gegebene Untersuchung fragte nach den wichtigsten Qualifikationen, welche die Unternehmen benötigten (Die Welt, 22.4. 2000). Wie in vielen ähnlichen Studien werden folgende Qualifikationen genannt:

- Teamfähigkeit,
- Kommunikationsfähigkeit,
- Problemlösungskompetenz,
- Belastbarkeit.

Ein Vorgesetzter muss anleiten, führen und kontrollieren können. Das lernt er nicht im Beruf oder an der Universität. Auch die Bewerbungsunterlagen sind dazu nicht aussagekräftig genug. Häufig versuchen Personalexperten, etwa im *Assessment Center* (S. 54), festzustellen, ob eine Bewerberin oder ein Bewerber über diese Sozialkompetenzen verfügt. Beispielsweise werden Stresssituationen simuliert, Fallbeispiele sind zu lösen oder schwierige Gruppen- bzw. Teamsituationen müssen im Planspiel bewältigt werden. Auf diese Weise will der mögliche Arbeitgeber herausfinden, ob sich die Bewerber später in der beruflichen Realität sozial und kompetent verhalten können.

Ein Teamleiter sollte die Bereitschaft besitzen, mit den Stärken und Schwächen der Teammitglieder richtig umzugehen, er muss über Sensibilität für Gruppenprozesse verfügen und Kompetenzen im Umgang mit Gruppen haben. Von Vorgesetzten erwartet man die Fähigkeit, einerseits zu delegieren und andererseits die Ergebnisse der Delegation motivierend zu kontrollieren. Zur Führungskompetenz gehört auch der jeweils passende Mix von Mitarbeiterbefähigung und Kontrolle. Das, was heute ein erfolgreiches Unternehmen oder eine erfolgreiche soziale bzw. medizinische Dienstleistung ausmacht, kann man nicht vorher in der Ausbildung erlernen. Denn dazu gehört unter anderem die Fähigkeit, Neues zu denken und auszuprobieren. Um dauerhaft und erfolgreich Führung wahrnehmen zu können, muss man zusätzlich noch in der Lage sein, Risiken einzugehen, Frustrationen zu ertragen und die Kunden bzw. Klienten mit ihren Bedürfnissen richtig wahrzunehmen. Aber auch von Mitarbeitern, die sich nicht in Führungspositionen befinden, erwartet man Kommunikations- und Kooperationsbereitschaft, Selbstständigkeit und Kreativität; denn die Kunden, Besucher oder Klienten haben darauf einen Anspruch.

2. Der Reflexionscharakter der Arbeit nimmt zu

Mehr denn je nimmt die Arbeit nach den privaten Beziehungen einen zentralen Stellenwert in der Werteskala modern orientierter westlicher Gesellschaften ein. Allerdings haben sich auch die Inhalte der Arbeit verändert. So sind viele Arbeitsvollzüge immer komplizierter geworden. Nur noch selten kann der Einzelne auf ein fertiges Produkt schauen und sagen: „Das habe ich gemacht, und ich habe es gut gemacht." Denn oft waren mehrere Menschen an verschiedenen Orten und zu unterschiedlichen Zeiten an der Erstellung eines Arbeitsprodukts beteiligt. Hinzu kommt, dass die Arbeitsergebnisse, wie beispielsweise bei Dienstleistungen, zumeist immaterieller

Natur sind. Weiterhin kann man feststellen, dass immer mehr Berufe höhere Anteile an den Arbeitsvollzügen haben, die man als selbstreflexiv bezeichnen kann. Mit „selbstreflexiv" ist hier die Notwendigkeit gemeint, dass man sich über die Arbeitsbeziehungen austauscht, weil gerade das einen Teil der Arbeit und ihrer besonderen Qualität ausmacht.

„Das macht die Gestaltung von Arbeitsbeziehungen zu einem so anspruchsvollen selbstreflexiven Geschäft, in welchem man immer Gefahr läuft, entweder nur draußen oder nur drinnen zu sein: nur Beobachter zu werden, der dann versucht, auf sein Gegenüber einzuwirken anstatt auf die Beziehung; oder nur Teil der Beziehung zu sein und zu handeln, ohne sie zu beobachten" (Buchinger 1997, S. 10).

Waren früher vor allem die Sozialarbeiter, danach die Psychotherapeuten und Pädagogen als selbstreflexive Berufe bekannt, so kann man heute alle pflegerischen, gesundheitlichen, administrativen und dienstleistenden Tätigkeiten dazuzählen. Hinzu kommt natürlich praktisch jede Form von Leitungs- und Vorgesetztentätigkeit. Damit wird schon deutlich, dass es nicht mehr die starre Trennung zwischen helfenden Berufen (Non-Profit-Bereich) und erwerbswirtschaftlich orientierten Berufen (Profit-Bereich) geben kann. Denn die meisten helfenden Berufe und viele „neue" Dienstleistungsberufe haben unter anderem eines gemeinsam: Man muss bei der Arbeit sich immer mehr mit anderen darüber austauschen, *was* man tut, *wie* man es tut und *wo* man Außenwirkung und Qualität dieser Arbeit verbessern kann. *Wie* die Ämter der Stadtverwaltung ihre „Kunden", also die Bürger, ansprechen; *wie* das Reisebüro informiert und damit Kundenbindung herstellt; *wie* die teilprivatisierten Stadtwerke sich auf den neuen Energiemarkt einstellen und um Kunden werben; *wie* das Autohaus nicht nur PKWs verkauft, sondern die neuen Räume gestaltet und seine Verkäufer mit Hilfe psychologischer Techniken andere Beziehungen zu den Kunden herstellen lässt, wird branchenübergreifend wichtig. Das alles unterscheidet sich immer weniger davon, *wie* die Krankenschwester mit dem Patienten, der Sozialarbeiter mit der allein erziehenden jungen Mutter und der Beratungslehrer mit den Eltern spricht. Immer häufiger ist die gelungene Kommunikation eine Voraussetzung, ein Mittel sowie ein Merkmal der Qualität von Arbeit. Dazu ist es auch notwendig, dass eine vertrauensvolle Beziehung hergestellt werden kann. Denn die Arbeit von Krankenschwester, Sozialarbeiter oder Lehrer ist nur dann „gelungen“, wenn Patient, Mutter oder Eltern „mitmachen“. Denn auch das Krankenhaus, das Jugendamt oder die Schule befinden sich in Zeiten knapper Kassen, zurückgehender Schülerzahlen und sich ausbreitender Qualitätsvergleiche in einem Konkurrenzverhältnis zu anderen Anbietern vergleichbarer Dienstleistungen. Der Unterschied zur Stadtverwaltung, dem Reisebüro, den Stadtwerken oder dem Autohaus ist hinsichtlich der Notwendigkeit gelungener Kommunikation und Zustimmung des „Kunden“ eigentlich kaum noch vorhanden. Das macht das grundsätzlich Neue an den Arbeitsbeziehungen aus. Trotzdem scheint Supervision als Reflexion beruflicher Tätigkeit noch nicht so bekannt zu sein.

3. Was die Supervision zu bieten hat

Teilweise ist man im Sozial- und Gesundheitswesen schon dort, wo der Wirtschaftssektor und der öffentliche Dienst erst ankommen werden. Ein Sozialarbeiter, der nicht richtig mit dem Klienten sprechen kann, eine unfreundliche Krankenschwester oder ein Schulleiter, der nicht in der Lage ist, eine Kollegiumssitzung zu leiten, sind heute fehl am Platz.

Bei Analysen von Stellenangeboten im Sozial-, Gesundheits- und Bildungswesen findet man inzwischen in etwa jeder dritten Stellenanzeige neben den Hinweisen auf gewünschte Qualifikation, Tätigkeit, Besoldung sowie einer näheren Beschreibung des Arbeitsplatzes auch Informationen zu kostenlosen Supervisionsmöglichkeiten. Teilweise wird sogar die Erwartung ausgesprochen, dass der Bewerber obligatorisch an den Supervisionssitzungen teilnimmt.

Trotzdem wird die Supervision immer noch zu selten außerhalb ihrer klassischen Entstehungsfelder genutzt. Wie kommt das? Teilweise erklärt es sich dadurch, dass die Supervision noch unbekannt und etwas fremdartig ist. Es hat vielleicht auch damit zu tun, dass diese *berufliche Selbstreflexion* ungewohnt anstrengend und eventuell auch bedrohlich wirkt. Die Praxis bestätigt jedoch das Gegenteil. Nachstehend nun die Entwicklung der Supervision, ihrer Varianten, Anwendungsmöglichkeiten und Funktionen. Danach werden ein idealtypischer Prozess sowie die verschiedenen Arbeitsformen der Supervision vorgestellt. *Abschließend* sollen die internationale Situation, die Forschungsergebnisse und der Stand zur Theoriebildung in der Supervision diskutiert werden.

II. Entwicklungslinien der Supervision

In diesem Kapitel möchte ich die verschiedenen Ursprünge der Supervision erläutern. Gleichzeitig soll dargestellt werden, dass die Supervision inzwischen zu einem interdisziplinären Reflexionsverfahren für berufliche Zusammenhänge geworden ist. Sie kann für verschiedene Personen, Rollen und Gruppierungen in nahezu allen Berufen und Institutionen interessante Hilfestellungen leisten.

1. Begriffsklärung

Der Begriff „Supervision" scheint erstmals seit Mitte des 16. Jahrhunderts im Sinne von „Leitung" und „Kontrolle" bei juristischen und kirchlichen Texten verwendet worden zu sein. So versteht man unter „super" im Lateinischen „über", „von oben" oder „darüber". „Visio" kann man mit dem „Sehen", dem „Anblick" oder der „Erscheinung" übersetzen (Huppertz 1975, S. 7). Demgemäß bedeutet „Supervision": Überblick, Übersicht oder Kontrolle. Nach dem heutigen Gebrauch in Europa kämen noch Hilfestellung, Wissensvermittlung oder Anpassung an die vorgegebenen Arbeitsbedingungen hinzu.

Im englischen Sprachraum, vor allem in der amerikanisch geprägten Wirtschaftswelt, existiert jedoch ein anderes Begriffsverständnis. Denn hier ist der Supervisor auch der unmittelbare Vorgesetzte, der Aufsichtsführende und Anleiter. Diese amerikanische Begriffsverwendung kann man inzwischen auch in Stellenangeboten deutschsprachiger Zeitungen oder als Funktionsbezeichnung international geprägter Firmen, wie beispielsweise bei Fluggesellschaften und Call-Centers, vorfinden. In den USA und Großbritannien handelt es sich eher um einen administrativen Gebrauch des Begriffs. In diesem Buch soll jedoch der im deutschen wie auch im kontinentaleuropäischen Sprachraum verwendete *psychosoziale* und *pädagogische* Begriff von Supervision im Vordergrund stehen:

> Unter dem Oberbegriff Supervision versteht man *Weiterbildungs-*, *Beratungs-* und *Reflexionsverfahren* für *berufliche Zusammenhänge*. Das allgemeine Ziel der Supervision ist es, die Arbeit der Ratsuchenden (Supervisanden) zu verbessern. Damit sind sowohl die Arbeitsergebnisse als auch die Arbeitsbeziehungen zu den Kollegen und Kunden wie auch organisatorische Zusammenhänge gemeint.

Dabei soll noch auf zwei Einschränkungen hingewiesen werden:

1. Es geht bei der Supervision schwerpunktmäßig nicht um Psychotherapie oder Beratung, also nicht um vorwiegend persönliche und/oder familiäre Probleme.
2. In der deutschen Supervision spielen Aufsicht, Kontrolle oder rein fachliche Fragen des jeweiligen Berufes eine untergeordnete Rolle.

Nach meinem Verständnis hat Supervision die vorrangige Aufgabe, die im modernen Arbeitsleben immer häufiger auftretende schwierige Kommunikation und Beziehungsgestaltung zu verbessern. Dabei kann Supervision auf den folgenden *drei Reflexionsebenen* helfen:

(1) *Klientenebene*, dazu gehören die Abnehmer (z. B. Kunden, Klienten oder Patienten) eigener Leistungen. Dabei geht es meistens um die Reflexion der Arbeitsbeziehung, des Kun-

den- bzw. Klientenkontakts oder, wie man in den psychosozialen Berufen sagt, der *Fallarbeit*.

(2) *Mitarbeiterebene*, also den Kollegen, Teammitgliedern, Untergebenen oder Vorgesetzten gegenüber. Hierbei steht die Zusammenarbeit untereinander im Vordergrund; es geht dabei um *Selbstthematisierung* oder *Selbstreflexion*.

(3) *Organisationsebene*, also bei Fragen, die mit der optimalen Gestaltung von organisatorischen Abläufen (z.B. Teamarbeit, Binnenorganisation, interne Kommunikation, humane und flache Hierarchie) zu tun haben. In diesem Bereich bestehen fließende Übergänge zur Institutions- oder Organisationsberatung. Dabei stehen nach Rappe-Giesecke die *Organisationsreflexion* und *Organisationsinnovation* im Mittelpunkt (1990, S. 5).

Abschließend noch eine Begriffsklärung: *Supervisor* ist jemand, der Supervisionsleistungen anbietet. *Supervisand* wird eine Person genannt, die Supervisionsleistungen in Anspruch nimmt; beispielsweise ein Sozialarbeiter, Psychologe, Lehrer oder Manager. Mit *Klient* oder *Kunde* wird die Person bezeichnet, die beim Supervisand eine Beratung erhält. In diesem Sinne sind die Sozialhilfeempfänger die Klienten der Sozialarbeiter. Das Ehepaar, welches zu einer psychologischen Beratungsstelle kommt, ist die Klientel des Psychologen. Einen Schüler kann man als Klienten des Lehrers bezeichnen. Der Verkaufsmanager hat es mit einem Kunden zu tun. Möglicherweise ist bei der Supervision noch eine *vierte Instanz* im Spiel: die Einrichtung, in welcher der Supervisand beschäftigt wird und die möglicherweise diese Supervision finanziert. Der Sozialarbeiter ist beispielsweise im Jugend- oder Sozialamt tätig, der Psychologe arbeitet eventuell in einer Beratungsstelle, der Lehrer unterrichtet in der Schule und der Manager ist zuständig für den Kundenservice in der Dienstleistungsbranche.

2. Vorgeschichte der Supervision

Das, was als Supervision bezeichnet wird, hat eine lange, vieltausendjährige *Vorgeschichte*. Diese Vorgeschichte beginnt mit dem Zeitpunkt, als die Menschen erstmals über ihre sozialen Beziehungen nachdachten und miteinander über die Arbeit kommunizieren mussten. Diese *Vorgeschichte* der *Supervision* fand in *drei Etappen* statt.

(1) Aus dem antiken Athen ist uns der *Sokratische Dialog* bekannt. Nach dem pädagogisch-philosophischen Modell des Sokrates verweigerte ein erfahrener Lehrer das übliche „Frage-Antwort-Spiel“ und reagierte auf die Fragen der Schüler mit Gegenfragen. Das sollte bewirken, dass die Schüler über den Hintergrund ihrer eigenen Fragen und damit über sich und das Leben allgemein nachdenken mussten. Hier in der abendländischen Philosophie (wie auch in den fernöstlichen Weisheiten) liegt *ein* Ursprung des heutigen beruflichen *Reflexionsverfahrens* Supervision. Es galt, die „Kunst“ zu entwickeln, zeitweise aus sich, seiner Rolle und dem Alltagsbetrieb herauszutreten und mit Hilfe eines in das eigene Geschehen nicht verstrickten, außen stehenden Experten über sich, sein Handeln und dessen Wirkungen nachzudenken. Natürlich waren diese Vorläufer der Supervision damals nicht direkt auf eine bestimmte berufliche Praxis bezogen; sie zielten eher allgemein auf Selbstreflexion und kritischen Wissenserwerb ab.

(2) Die erste uns bekannte Reflexion beruflicher Tätigkeiten war die *Qualitätskontrolle* der Zünfte und Gilden im europäischen Mittelalter. Bekanntlich regulierten die Zünfte und Gilden nicht nur den Markt, sondern sie sorgten auch durch eine Fülle von Bestimmungen (Ausbildung des Nachwuchses, Kontrolle von Maßen, Gewichten oder Preisen der Produkte) für die erforderliche Preis- und Qualitätskontrolle. Bei Unstimmigkeiten wurde versucht, die Probleme kollegial zu regeln. Im Falle von schweren Verstößen kam es zu harten, öffentlich vollzogenen Strafen. Auf diese Weise entstanden Qualitätskontrolle und Selbstreflexion im Berufsprozess.

(3) Seit dem 17. Jahrhundert, vor allem in der Epoche der Aufklärung, gelang es den Naturwissenschaften zunehmend, sich von der kirchlichen Bevormundung zu befreien. In dieser Zeit haben die Ärzte und Juristen als frühe Dienstleistungsberufe auch *neue Institutionen* entwickelt, die zu ihrer beruf-

lichen Selbstkontrolle beigetragen haben. Beispielsweise wollte man durch die Leichenöffnung und die kollegiale Untersuchung ungeklärter Todesfälle genaue Erkenntnis über die Todesursachen, aber auch über mögliche „Kunstfehler“ der Ärzte gewinnen. Ähnlich war es im beruflichen Feld der Justiz. Verfahrensfehler oder Fehlurteile im Bereich der Rechtsprechung können auch heute noch durch die Revision bzw. Berufung vermieden oder korrigiert werden. Wir alle kennen die aus dieser Tradition entstandenen Einrichtungen zur Qualitätssicherung und Selbstkontrolle der selbstständigen Berufe: Handwerkskammern, Industrie- und Handelskammern sowie entsprechende Kammern für Ärzte und Psychologische Psychotherapeuten, Anwälte oder Architekten.

3. Supervision kommt aus der Sozialarbeit

Gegenüber dieser langen Vorgeschichte begann die eigentliche *Geschichte* der *Supervision* viel später, nämlich zu Ende des 19. Jahrhunderts mit der Entwicklung von zwei Berufen. Der Gegenstand sowie die Aufgaben dieser Berufe waren völlig neu. Denn im Zentrum dieser Berufe standen erstmals direkte *personenbezogene kommunikative Dienstleistungen*. Hierbei handelte es sich um die Sozialarbeiter und um die Psychotherapeuten. (Von den Psychotherapeuten waren die Psychoanalytiker die Ersten, die sich mit diesen Fragen beschäftigten. Der Einfachheit halber werden in diesem Buch Psychoanalytiker mit Psychotherapeuten gleichgesetzt.) Schauen wir uns die Entwicklung der Supervision aus diesen Berufen an. Schon von Beginn an stand bei diesen beiden Berufen die „Beziehungsarbeit“ im Vordergrund. Vor etwas mehr als hundert Jahren wurde die Sozialarbeit in England und den USA vom Nebenamt zum Hauptberuf. Auch wegen der knappen finanziellen Mittel ging es darum, kurz ausgebildete und schlecht bezahlte Helferinnen zu motivieren, in Zeiten steigender Armut weiterhin Sozialarbeit anzubieten. Der Armen-Pfarrer *Barnett* hatte ab 1883 im Londoner Slum-Gebiet Whitechapel auch Studierende und Jungakademiker als ehrenamtliche Helfer eingesetzt. Als er bemerkte, wie sehr diese von der Arbeit mit den Armen persönlich betroffen und in Kommunikationen verstrickt waren, bot er ihnen halbstündige „Vier-Augen-Gespräche" zur Klärung und Entlastung an. Hier liegt das Vorbild für jenen Prozess, den wir heute Praxisberatung, Supervision oder Coaching nennen (C. W. Müller 1982, S. 58). Neben dieser englischen „*Ehrenamtlichen-Supervision*" entwickelte sich etwa zur gleichen Zeit in den USA die „*Vorgesetzten-Supervision*". Viele ehrenamtliche Helferinnen wurden von wenigen hauptamtlichen Fachkräften motiviert, ausgebildet, angeleitet, unterstützt und kontrolliert. Schon 1898 fand an der „School of Social Work", heute ein Teil der weltberühmten Columbia University im Norden von Manhattan (New York), ein Kurs über Supervision statt. Das erste Buch über Supervision stammt von J. Brackett: „Supervision and Education in Charity" (New York 1903). Wie schon angedeutet, war diese Supervision eher für Zwecke der hierarchischen Organisation im Sinne der Kontrolle von Arbeitsvollzügen und Zielerreichung gedacht. Beispielsweise mussten die Sozialarbeiter nach einem vorgegebenen Raster Berichte anfertigen. Ihre Vorgesetzten, also die *Supervisoren*, kontrollierten die Arbeit durch Berichte, Stichproben und regelmäßige Gespräche. Allerdings ging es bei diesen Gesprächen auch um Probleme des Verstehens der fremden Lebenswelt der Klienten.

Sehr bald kam diese Supervision in den deutschen Sprachraum. Bereits im Jahre 1920 wurde an der Sozialen Frauenschule in München bei der Ausbildung von Fürsorgerinnen (heute: Sozialarbeiterinnen) eine Lehrveranstaltung mit dem Titel „Besprechung der sozialen Praxis" angeboten. Auch die Schülerinnen der Wohlfahrtsschule Jena mussten schon 1926 wöchentlich zwei Tage Praktikum nachweisen. Direkt danach hatten sie an einer vierstündigen Arbeitsgemeinschaft über ihre praktischen Erfahrungen teilzunehmen (Belardi 1998, S. 21 f.). Etwa bis in die Dreißigerjahre hinein stellte die Sozialarbeiter-Supervision in der Ausbildung ein eher regelgeleitetes Gespräch über berufliche Zusammenhänge dar. Zusätzlich mussten während der Ausbildung noch Berichte angefertigt werden. Diese waren auch Gegenstand regelmäßiger Besprechungen zwischen den angehenden Sozialarbeiterinnen und den Praxisdozenten. Bei diesen Reflexionen standen jedoch nicht nur die beziehungsmäßigen Aspekte des beruflichen Handelns (Sozialarbeiter-Klient), sondern auch administrative und kontrollierende Gesichtspunkte im Vordergrund. Denn Sozialarbeiter sollen ja nicht nur helfen, sie müssen auch kontrollieren; so zum Beispiel ob finanzielle Leistungen zu Recht bezogen werden, ob angeordnete Auflagen vom Amt oder Gericht eingehalten worden sind oder ob die Kinder richtig versorgt werden. Dieser Mix von *Hilfe* und *Kontrolle* ist ein Grundmerkmal der Sozialarbeit bis heute. Das prägte auch die damalige Supervision durch die Vorgesetzten; ebenso den Einsatz der Supervisoren in der Ausbildung (*Ausbildungssupervision*).

Diese frühe Supervision war eher aus der Alltagspraxis entstanden. Ihr fehlten deshalb noch weitgehend wissenschaftlich fundiertes psychologisches *Wissen* und *Können* zu einem regelgeleiteten Gespräch, um die tägliche Beziehungsarbeit genauer zu verstehen und zu verbessern. Das änderte sich durch die Einflüsse der Psychoanalyse.

4. Beziehungsreflexion durch die Psychoanalyse

Spätestens seit Beginn des 20. Jahrhunderts sind der Öffentlichkeit die Schriften von *Sigmund Freud* (1856–1939) bekannt. Seitdem hat sich die von ihm und seinen Schülern entwickelte Psychoanalyse verändert. Zur traditionellen Psychoanalyse kamen, teilweise konkurrierend, noch andere tiefenpsychologische Sichtweisen und Behandlungsformen hinzu. Weitgehend unbestritten ist jedoch die Tatsache, dass mit der Psychoanalyse ein neues Bild vom Menschen geschaffen wurde. Hierzu gehört die Bedeutung bewusster und unbewusster früher Erfahrungen, Gefühle und Erinnerungen auf die gegenwärtigen Beziehungen bzw. neue Situationen. Sigmund Freud und besonders seiner Tochter *Anna Freud* (1895–1982) verdanken wir auch die Beschreibung von *Schutz-* bzw. *Ab-*

wehrmechanismen, mit denen sich die Menschen vor schwer erträglichen Erinnerungen und unbewältigten Konflikten mehr oder minder bewusst zu schützen suchen. Hierzu gehören vor allem: Verdrängung, Projektion, Verleugnung, Rationalisierung oder der Versuch, eine unangenehme Handlung wieder ungeschehen zu machen. Wie angedeutet, verdankt die Supervision ihr beziehungsmäßiges Wissen und Können vor allem den wissenschaftlichen Erkenntnissen der heute bekannten Schulen von Beratung und Psychotherapie. An dieser Stelle kann aus räumlichen Gründen der weitere Beitrag der Psychoanalyse zur Supervision nicht vertieft werden. Hierzu sei auf die zahlreich vorhandene Fachliteratur verwiesen (z.B. Mertens 1997). Weiter unten in diesem Buch wird noch auf die Bereicherung der Supervision durch moderne Formen von Selbsterfahrung, Beratung und Psychotherapie zurückzukommen sein. In diesem Abschnitt möchte ich noch auf einige für die Supervision wichtige praktische *Errungenschaften* aus der psychoanalytischen Erfahrung hinweisen. Diese wurden auch von allen anderen Schulen der Psychotherapie übernommen.

Die *Kontrollanalyse*: Schon bald nach der Jahrhundertwende begannen Freud und seine Schüler mit der Ausbildung von Psychoanalytikern. Hierbei handelt es sich um eine mehrjährige, das eigene Leben reflektierende Weiterbildung für Ärzte und Psychologen. Diese Weiterbildung besteht im Wesentlichen darin, dass ein Ausbildungskandidat in der Form einer *Lehranalyse* seine Lebensprobleme reflektiert, sich also von einem erfahrenen Kollegen (*Lehranalytiker*) selber psychoanalysieren lassen musste. Vor Ende seiner Ausbildung durfte er dann selber schon Klienten analysieren. Dabei tauchten für den angehenden Psychoanalytiker natürlich eine Menge von Fragen theoretischer und praktischer Art auf. Damit Probleme des eigenen Lebens in der Lehranalyse mit der notwendigen Behandlung der Klienten des Ausbildungskandidaten nicht vermischt wurden, hat man eine neue Rolle und Funktion geschaffen, die des *Kontrollanalytikers*. Dabei handelte es sich ebenfalls um einen zur Ausbildung berechtigten Psychoanalytiker, der jedoch nicht den Ausbildungskandidaten analysierte, sondern mit ihm zusammen in einer Art „Meister-Lehrlings-Verhältnis" dessen Behandlungsfälle reflektierte, also dessen Analysen „kontrollierte". Die persönlichen Probleme des Ausbildungskandidaten werden in der Lehranalyse und die Probleme des Klienten werden in der Kontrollanalyse behandelt (Balint 1965, S. 400). Das Neue war also eine in soziologischer Sicht interessante Rollenkonstruktion. Durch verschiedene Personen und Funktionen kam es zu einer örtlichen, zeitlichen und inhaltlichen Trennung der beiden Behandlungen. Mit der Kontrollanalyse wurde erstmals eine institutionalisierte Form geschaffen, in der eine angehende Fachperson von einem erfahrenen Kollegen bzw. einer Kollegin angeleitet wird und Reflexionshilfen bei den ersten Schritten in einer neuen Berufstätigkeit erfährt. Durch diese Trennung wurde eine klare Abgrenzung zwischen eigenen und fremden Problemen bzw. selber lernen und anderen helfen vollzogen. In mancher Hinsicht weist die Kontrollanalyse (wie später die Kontrollsupervision, vgl. S. 25) strukturelle und methodische Ähnlichkeiten zum „Sokratischen Dialog" auf.

In der europäischen Sozialarbeit entwickelte sich, von den USA kommend, seit den Sechzigerjahren des 20. Jahrhunderts eine vereinfachte Form der Psychoanalyse. Man nannte diese tiefenpsychologische Fallarbeit des Sozialarbeiters mit seinem Klienten *Casework*. Die Casework-Arbeit konnte nur erfolgreich sein, wenn sie von außen durch Supervision begleitet wurde. Auf diese Weise kam es seit den Sechzigerjahren zur Entwicklung der Supervision in Deutschland. Mit dieser neu institutionalisierten Supervision hat man seitdem gute Erfahrungen gemacht. Man kann nämlich gerade dann besser verstehen und helfen, wenn man nicht direkt ins Geschehen verstrickt ist. Dabei spielen vor allem die von der Psychoanalyse erforschten tiefenpsychologischen Prozesse von Projektion und Übertragung eine wichtige Rolle. Bei einer *Projektion* handelt es sich eigentlich um einen ganz normalen alltäglichen Interaktionsvorgang. Unsere Wahrnehmungen und Erinnerungen sowie deren gefühlsmäßige Verarbeitung sind geprägt von der Vergangenheit. Oftmals bringen wir bewusst oder unbewusst diese frühen Muster von Erlebnisverarbeitung in neue Kommunikationen mit ein. Wir „sehen“ etwas in den anderen „hinein“, was eigentlich aus unserer Erfahrungswelt stammt. Die *Übertragung* ist eine Erweiterung der Projektion. Wir „sehen“ und „fühlen“ etwas in einen aktuellen Kommunikationspartner „hinein“, was eigentlich von einem früheren Kommunikationspartner kommt.

Projektion und Übertragung (stark vereinfacht)

Projektion

Person B „sieht“ etwas von sich aus in Person C

B ═══════════ C

Übertragung

Person A hat früher Person B beeinflusst — Person B „sieht“ das nun in Person C

A ═══════════ B ═══════════ C

In der Regel ist dieser frühe Kommunikationspartner ein Elternteil, eine Schwester, ein Bruder oder ein Partner. Bei Übertragungen, die sich im beruflichen Bereich auswirken, kann es sich bei der Übertragungsquelle auch um einen früheren Lehrer, Arbeitskollegen oder Vorgesetzten handeln. Selten „verwechseln“ wir dabei jedoch die gesamte Person; häufiger ist es so, dass frühe (unbewusste) Gefühle wieder aktiviert werden und in der neuen Situation die aktuelle Beziehung hinsichtlich unserer Wahrnehmungen, Gefühle, Fantasien, Ängste und Hoffnungen unangemessen beeinflussen. In Beratung und Psychotherapie herrscht Übereinstimmung darüber, dass Projektionen und Übertragungen eine zentrale Ursache für Beziehungs- und Kommunikationsprobleme sowohl im privaten als auch im beruflichen Bereich sind. Diese Übertragungen kann man wiederum einteilen in

(1) *spontane Übertragungen*: Sie entstehen täglich bei kurzen Begegnungen: Jemand erinnert uns an eine andere Person.

So kommt es, dass wir uns einige Momente mit vergangenen Erinnerungen und Gefühlen beschäftigen. Fast gleichzeitig merken wir jedoch, dass es sich nicht um diese frühere Bekanntschaft handelt. Spontane Übertragungen korrigieren sich oft unmerklich von selber. Auch

(2) *typologische Übertragungen* sind uns geläufig: Bei den Begriffen „Arzt", „Lehrer" oder „Polizist" werden in unserem Denken und Fühlen oft bestimmte Rollenvorstellungen aktiviert. Auch können diese uns zu frühen Erfahrungen und Gefühlen hinführen, bis wir vielleicht erkennen, dass das Gegenüber nicht den Vorstellungen des eigenen Klischees entspricht. Demgegenüber sind

(3) *notorische Übertragungen* eher lebensgeschichtlich geprägt. Sie stammen meistens von unbewältigten Erlebnissen früher Lebensjahre und inszenieren sich oft wieder neu – auch in beruflichen Situationen.

Am Beispiel der Arbeitssituation in der Altenhilfe sollen die Beziehungsprobleme der Mitarbeiterinnen und Mitarbeiter dargestellt werden:

Die alten Menschen erinnern vor allem das jüngere Pflegepersonal mehr oder weniger direkt gefühlsmäßig an die eigenen Eltern; dabei können Haltungen von Vorwürfen oder Wiedergutmachungen „übertragen" werden („Beziehungsmodus der Übertragung"). Zusätzlich kann die Erwartung an das eigene Alter mitspielen. Wenn man mit älteren Menschen beruflich zu tun hat, können hinsichtlich der eigenen Ängste vor dem Alter unbewusste Fantasien, Mitleid oder Abwehr im Kontakt mitschwingen („Beziehungsmodus der Projektion").

Beide Muster bewirken in privaten und beruflichen Pflegebeziehungen eine Umkehr der Machtverhältnisse. Die jüngeren, ehemals kleineren und ohnmächtigen Verwandten oder Helfer sind jetzt die körperlich und geistig Stärkeren („Beziehungsmodus der Rollen- oder Generationenumkehr").

Schon diese Zusammenhänge betonen die Bedeutung von Supervision, nicht nur im Beruf, sondern auch im privaten Bereich wie etwa langjähriger häuslicher Pflege.

Es ist klar, dass Supervisorinnen nicht ihre Projektionen und Übertragungen in das Supervisionsgeschehen „hineinsehen" sollten. Um das zu vermeiden, findet die Ausbildung zur Supervision entsprechend den Anforderungen der Fachverbände in einem ähnlichen Lernsetting statt, wie es schon oben hinsichtlich der Psychoanalyse dargestellt wurde. In einer *Lehrsupervision* untersucht die angehende Supervisorin ihre vergangenen und gegenwärtigen beruflichen Beziehungen. In einer späteren *Kontrollsupervision* stellt sie einem anderen Ausbilder ihre ersten eigenen Supervisionsfälle vor. Die Ausbildungseinrichtungen verlangen auch nach Abschluss dieser Weiterbildung den Nachweis einer gewissen Anzahl von jährlichen Stunden von Kontrollsupervision. Vor allem in der Kontrollsupervision lernt man darauf zu achten, welche eigenen inneren Bilder, Szenen oder Gefühle (*Gegenübertragung*) durch die Schilderungen der Supervisanden entstehen. In den Anfängen der Psychoanalyse hat man diese Erscheinungen als „Störfaktoren" betrachtet. Heute weiß man in Psychotherapie und Supervision, dass diese Gefühle und Bilder ein wichtiges diagnostisches und methodisches Hilfsmittel zur Reflexion des Ursprungsgeschehens zwischen dem Supervisanden und seinem Klienten sind. Der Fachausdruck dazu heißt „Arbeit mit der Gegenübertragung". Nun zu einem weiteren wichtigen Beitrag der Psychoanalyse für die Supervision.

5. Die Balint-Gruppe

Ausgehend von den Erfahrungen der psychoanalytischen Kontrollanalyse, entwickelte der aus Ungarn stammende Psychoanalytiker *Michael Balint* (1896–1970) seit dem Ende der Vierzigerjahre in England ein Verfahren zur Weiterbildung von Ärzten und Sozialarbeitern. Angehörige dieser Berufe sind in der Regel in ihren fachlichen Schwerpunkten gut ausgebildet. Oft jedoch mangelte es ihnen an Wissen und Können in der Kommunikation. Nicht selten lassen sich diese Helfer von ihren Patienten oder Klienten in beziehungsmäßiger Hinsicht dazu verführen, Dinge zu tun, die sie aus fachlicher Sicht nicht tun wollten oder sollten: etwa zu lange oder zu kurz hinzuhören, Rezepte zu verschreiben, anstatt nachzufragen, oder dort zu helfen, wo die Patienten sich selber helfen könnten. Bekanntlich haben Ärzte auch heute noch einen hohen Prozentsatz von Patienten, die eigentlich unter seelischen Problemen leiden. Viele dieser Hilfesuchenden werden insofern falsch behandelt, als man ihnen nur Medikamente verabreicht. Nach einer Expertise der Bundesregierung dauert es in der Regel 7 bis 10 Jahre, bis ein psychisch Kranker endlich beim Psychotherapeuten ankommt und möglicherweise eine hilfreiche Behandlung erfährt (Meyer u.a. 1991, S. 17). Den im Arzt-Patient-Kontakt auftauchenden Kommunikationsansprüchen sind viele Ärzte jedoch nicht gewachsen, weil sie zu sehr naturwissenschaftlich ausgebildet wurden. Sozialarbeiterinnen und Sozialarbeiter sind in der Regel durch ihre Ausbildung besser über die Hintergründe und Regeln von Kommunikation informiert. Oft jedoch haben sie es auch mit seelisch schwer gestörten Klienten zu tun, die eigentlich in die Behandlung eines Psychotherapeuten oder Psychiaters gehören. Bei den Ärzten und auch bei den Sozialarbeitern existiert deswegen berufsbedingt ein großer Bedarf an Austausch über die Gespräche mit Patienten bzw. Klienten. Diese beruflichen Beziehungen zu untersuchen, zu hören, was andere dazu meinen, und die Ermunterung, auch einmal „nein" zu sagen, sind die Aufgaben einer speziellen beruflichen Reflexion, der sogenannten *Balint-Gruppe*. „Unser Ziel ist, den Ärzten zu helfen, sensibler zu werden für das, was bewusst oder unbewusst in der Psyche des Patienten vor sich geht, wenn Arzt und Patient beisammen sind" (Balint 1965, S. 403).

Inzwischen ist die Balint-Gruppe auch eine Fortbildungsmöglichkeit für andere Berufe (z.B. Psychologen, Lehrer, Juristen) geworden. In einigen Ausbildungsordnungen für Ärzte gehört sie sogar zum Pflichtprogramm. Der internationale Erfolg der *Balint-Gruppen* beruht auch auf der Beachtung folgender Regeln:

- Die Teilnehmer einer Balint-Gruppe sollten sich im Idealfall vorher *nicht kennen*, also auch nicht in privaten oder beruflichen Beziehungen miteinander stehen.

- Das Arbeitsklima wird vom Balint-Gruppenleiter so gestaltet, dass alle Gruppenmitglieder in ihrem Ursprungsberuf (z. B. Arzt, Psychologe, Sozialarbeiter, Lehrer, Jurist) als kompetent angesehen werden. Gleichzeitig werden sie als Lernende betrachtet, die in einem neuen Feld, der *Beziehungsdynamik* zu den Patienten, Klienten, Schülern, noch etwas wissen möchten.
- Es ist günstig, wenn der Balint-Gruppenleiter auch der *gleichen Berufsgruppe* wie die Teilnehmer angehört.
- Reine *Fachfragen* der Grundberufe medizinischer, psychotherapeutischer, sozialarbeiterischer oder pädagogischer Art stehen *nicht* im Mittelpunkt der Balint-Arbeit. Vielmehr ermuntert der Leiter die Gruppenmitglieder zur *freien Fallschilderung* über Beziehungsprobleme.
- Gruppenmitglieder und Leiter äußern danach ihre Gefühle und spontane Einfälle zur geschilderten Beziehung im Sinne einer *freien Assoziation.*
- „*Intellektuelle Belehrung*, und sei sie noch so gescheit, hat so gut wie keine Wirkung auf diesen Prozess der Befreiung und allgemeinen Lockerung“ (Balint 1965, S. 405).
- Die Balint-Gruppe ist *kein technisches Seminar;* sie zielt auch nicht auf konkrete Handlungsanweisungen ab. Das Ziel der Balint-Arbeit ist es vielmehr, die aktuellen Probleme in der jeweiligen Arbeitsbeziehung (z. B. Arzt-Patient, Sozialarbeiter-Klient, Lehrer-Schüler) zu untersuchen.
- Die Teilnehmer der Balint-Gruppe *entscheiden selber*, welche Schlüsse und möglichen Handlungen sie aus ihren neuen Erkenntnissen ziehen.
- Eine weitere Besonderheit der Balint-Methode ist, dass die *persönlichen Probleme* der Teilnehmer *ausgegrenzt*, also Übertragung und Regression (Rückkehr in kindhafte Gefühlswelten) nicht angestrebt werden. Balint-Gruppenarbeit ist eine besondere Form der *Beziehungsdiagnostik* auf tiefenpsychologischem Hintergrund.
- Neben den Übertragungs- und Gegenübertragungsvorgängen wird vor allem auf vielfältige *Spiegelphänomene* (andere Begriffe: *Resonanzphänomen, Parallelprozess, Isomor-*

phismus) geachtet. Hierbei handelt es sich, vereinfacht gesagt, um einen allgemeinen beziehungsmäßigen und damit menschlichen Vorgang. Es geht nämlich um die Wiederholung latent vorhandener und gefühlsmäßig wirksamer Interaktionsstrukturen in einem *anderen Handlungssystem*. Diese Wiederholung erfolgt teilweise über Worte, aber auch szenisch, durch Handlungen oder körpersprachlich. Wir alle kennen diese Spiegelphänomene aus alltäglichen Situationen: beispielsweise die Entlastungsgespräche während der Arbeitspause, auf dem Arbeitsweg oder in der Freizeit zu Hause. So können sich beispielsweise in der Balint- bzw. Supervisionsgruppe Gefühle und Vorgänge aus der Ursprungssituation (Sozialarbeiter-Klient bzw. Lehrer-Schüler) wiederholen („spiegeln").

Beispiele: Suchtberater erleben oft die Suchtprobleme ihrer Klienten wie einen Sog, der ihnen die „innere Substanz" nimmt. Es kommt immer wieder vor, dass die Helfer nach den Beratungsstunden besonders viel Zigaretten, Kaffee oder Süßigkeiten zu sich nehmen.

Lehrer verhalten sich in Weiterbildungsprozessen oft wie Schüler. Sie melden sich, fragen nach den Pausen und erkundigen sich danach, was man von ihnen erwartet, ob ihre Leistungen bewertet werden.

Diese Spiegelphänomene verhelfen zum Verständnis der „Fallarbeit". Sie geben Hinweise über Interaktionsformen und Organisationskultur der Ursprungsszene. Sie sind darüber hinaus ein wichtiger Beitrag des Balint-Konzepts für Sozialarbeit, Psychotherapie, Pädagogik und natürlich Supervision.

Die Supervisionsforschung hat inzwischen eine Fülle *feldspezifischer Spiegelphänomene* beschrieben. Es handelt sich dann um Gefühle und Fantasien bei den Beraterinnen, welche durch die jeweilige Problematik und Dynamik der Klientinnen hervorgerufen werden. Dabei kann es sich beispielsweise um den durch den Klienten ausgelösten Wunsch handeln, zu helfen, zu versorgen, zu schützen, zu strafen oder nichts mehr davon hören zu wollen. So ist bei der Supervision psychiatrischer Arbeit das „Milchglasgefühl" im Sinne einer Uneinfühlbarkeit und Unerreichbarkeit des Klienten bekannt. Demgegenüber tritt bei der Supervision von Suchtarbeit häufig die eigene Unzulänglichkeit, das eigene Gefühl, den Ansprüchen der Klienten nie genügen zu können, als Selbst- und Fremdentwertung in den Vordergrund.

Aus dem bisher Gesagten wird deutlich, dass die Balint-Arbeit natürlich keine Psychotherapie ist. Sie ist auch nur teilweise Supervision, weil sie für die Behandlung von Team- und Organisationsfragen weniger geeignet scheint. Denn im Ursprungskonzept der Balint-Arbeit fehlt die Anwendung von gruppendynamischen und organisationswissenschaftlichen Erkenntnissen zur Reflexion von Berufsarbeit. Die Balint-Gruppe ist vielmehr eine berufsbezogene Selbsterfahrung auf psychoanalytischer Grundlage. Sie ist ein wichtiger Schritt zur Theorie und Methodik heutiger interdisziplinärer Supervision.

Was unterscheidet die klassische Balint-Gruppe von der Supervision? Wenn man mit Arbeitsgruppen oder Teams diese Methode anwenden will, muss über den ursprünglichen Ansatz von Balint hinausgegangen werden. Auch der für die Balint-Arbeit notwendige „Mut zur Dummheit" (Balint), also ohne langes Nachdenken „Fälle" einzubringen oder sich dazu spontan zu äußern, wird in Teams weniger intensiv möglich sein als in einer Balint-Gruppe, in welcher man keine privaten und beruflichen Beziehungen miteinander hat (*stranger group*). Denn im Team kennt man sich eventuell schon seit Jahren, und oft sind dort rivalisierende und/oder familienähnliche Beziehungen entstanden. Deshalb spricht man auch vom Team als *family group*. Weiterhin kann die im Balint-Ansatz gewollte Vereinfachung der Beziehungen zwischen Helfer und Klient natürlich nicht direkt auf komplexe Gebilde wie Teams und Institutionen übertragen werden. Der Vollständigkeit halber sei noch erwähnt, dass in den letzten Jahren in manchen Balint-Gruppen auch gruppendynamische und organisationswissenschaftliche Erfahrungen reflektiert werden.

6. Pädagogik und Supervision

Auch in der Pädagogik hat man sich seit dem 19. Jahrhundert Gedanken zur Verbesserung des beruflichen Handelns gemacht. Abgesehen von den bis in die Gegenwart hineinreichenden und sich immer in Entwicklung befindlichen didaktischen Entwürfen zur Optimierung von Unterricht kam es jedoch erst seit den Zwanzigerjahren des 20. Jahrhunderts auch unter dem Einfluss der Psychoanalyse zu einer tiefenpsychologischen Reflexion der Beziehung zwischen Lehrer und Schüler.

Im Vorwort zu *August Aichhorns* (1878–1949) „Verwahrloste Jugend" (1974, S. 7) schrieb Sigmund Freud den bekannten Satz von den drei „unmöglichen Berufen", nämlich „analysieren", „erziehen" und „regieren". Mit dem Wort „unmöglich" meinte Freud keinesfalls eine Abwertung dieser Berufe. Sondern er glaubte, dass die Anforderungen an diese Berufe zu hoch seien und man deshalb den Erwartungen „unmöglich" gerecht werden könne. Erziehen, Heilen und Regieren gehören wie eine Vielzahl neuer Tätigkeiten in den Bereich der pädagogischen und sozialen Dienstleistungen. Was macht die besonderen beziehungsmäßigen Schwierigkeiten in der Schule aus? Die Institution Schule fördert durch die zeitweilige Trennung von der Erwachsenenwelt regressives Verhalten, also die gefühlsmäßige Rückkehr in Welten der Kindheit. So spricht man auch von einer „Deformation der Lehrer" oder dem „Infantilen" des Lehrers (Adorno 1969). Denn die Tätigkeit des Lehrers ist vorwiegend die Arbeit eines einsamen Erwachsenen vor vielen fremden Kindern – oder alleine zu Hause. Zur psychologischen Deformation kommt die soziale Isolation hinzu. Lehrer sind als Einzelkämpfer ausgebildet. Sie stehen einer allmächtigen Didaktik und den unerfüllbaren Ansprüchen von Schülern, Kollegen, Eltern, der Schulbürokratie sowie der Öffentlichkeit gegenüber.

Im gleichen Jahre schrieb ein anderer Schüler Freuds, *Siegfried Bernfeld* (1892–1953), in seinem Buch „Sisyphos oder die Grenzen der Erziehung", dass der Lehrer stets vor zwei

Kindern stehe: vor dem ihm anvertrauten fremden Kind sowie dem Kind in ihm selber. Wenn Erwachsene und speziell Eltern über ihre Schulzeit sprechen, geht es meistens um Erinnerungen, die aufgrund ihrer positiven oder negativen emotionalen Bedeutung im Gedächtnis haften geblieben sind. Aber auch die Lehrer sind in ihren Gefühlen und Verhaltensweisen von ihrer eigenen Kindheit und Schulzeit geprägt. Schon aufgrund der isolierten beruflichen Rolle befinden sich Lehrer oft in der Gefahr, dass sie ihre eigenen Kindheits- und Schulerfahrungen auf ihre Schüler *übertragen.* „Er kann gar nicht anders, als jenes zu behandeln, wie er dieses erlebte", schrieb Bernfeld im Jahre 1925 (1970, S. 141). Der Lehrer wiederholt im Umgang mit den Kindern oft auch dann Teile aus seiner Vergangenheit, wenn er scheinbar das Gegenteil von dem tut, was seine Eltern taten oder wollten. Erst lange nach dem Zweiten Weltkrieg wurden diese Gedanken dann für die Schulpädagogik fortgesetzt:

„Unbewusst erwartet der Lehrer wie der Vater, dass die Kinder sich ihm gegenüber genauso (oder entgegengesetzt) verhalten, wie er sich als Kind zu seinen Eltern verhalten hat, und unbewusst ist er selbst in seinem Verhalten als Erwachsener gegenüber Kindern von seinem Vater- und Mutterbild beeinflusst, wie er es in seiner Kindheit aus der Kinderperspektive entwickelt und seitdem latent beibehalten hat" (Fürstenau 1979, S. 189). Wenn Lehrer nicht die Möglichkeit haben, über ihre Schulerfahrungen und Motive zum Studium zu reflektieren, besteht die Gefahr, dass sie zu stark von diesen unbewussten Bindungen beeinflusst werden. In Fortsetzung dieser Gedanken hat dann *Horst Brück* (1940–1997) im Jahre 1978 in einer viel beachteten biographisch angelegten Untersuchung von Lehrerstudenten „Die Angst des Lehrers vor seinem Schüler" beschrieben und eine spezielle Supervision für Lehrer und Pädagogikstudenten entwickelt. Brück war seit den Siebzigerjahren im deutschen Sprachraum mit seinen wissenschaftlichen Arbeiten auch an der Erprobung und Dokumentation spezieller Supervisionsseminare für Lehrerstudenten und Lehrer beteiligt.

Vor allem in den Siebziger- und Achtzigerjahren kam es in Deutschland zu einem regelrechten Boom der supervisorischen und gruppendynamischen Weiterbildung von Lehrern. Den Anfang machten *Walter Giere* (1936–2001) von der Hessischen Landeszentrale für Politische Bildung (Wiesbaden) sowie die Institute zur Lehrerfortbildung in Hessen; später folgten andere Bundesländer. Hier bot man interessierten Lehrern bis zu zweiwöchige gruppendynamische Selbsterfahrungsseminare zur Reflexion ihrer Arbeit mit Schülern und Kollegen an. Parallel dazu hat man auch Supervisionssitzungen für Lehrer an den Schulen finanziell unterstützt. Diese Gruppensupervisionen (S. 86 ff.) wurden vorwiegend von jüngeren und engagierten Lehrerinnen und Lehrern besucht. Das hatte dann zur Folge, dass diese – wenn sie mit neuen Erfahrungen in den Schulalltag zurückkehrten – an ihren Schulen nicht selten in eine Außenseiterposition gerieten. Die auf diese Weise durch Supervision erweiterte Reflexibilität wurde als „Insider-Wissen“ gehandelt. Dadurch bekam das Anliegen leider manchmal einen schlechten Ruf. Welches sind die typischen schulischen Konflikte aus Sicht der Supervision?

- Der *Praxisschock* steht bei vielen jungen Lehrern am Anfang ihrer Berufstätigkeit. Es handelt sich oft um eine Sinnkrise, welche Berufswahl und Berufsausübung betrifft (S. 111 f.). Die jungen Lehrer haben den Eindruck, teilweise völlig falsch ausgebildet worden zu sein.
- *Unklares Rollenbild* des Lehrers: Der Lehrer schwankt zwischen den Alternativen, dem staatlichen Auftrag zu folgen oder aber sich mit den Schülern zu verbünden.
- Unterschiede zwischen den überhöhten *Idealen* der Lehrer und der kränkenden *Wirklichkeit.*
- Die Lehrer verzichten zunehmend auf eigene Interessendurchsetzung und beschränken sich auf die *formale Erfüllung* ihrer Aufgaben.

Bei allen diesen Fällen kann Supervision wirksam helfen. Zwischenzeitlich haben eine neue Generation von Lehrern, finanzielle Kürzungen und Desinteresse an innovativer Schularbeit das Interesse an Gruppendynamik und Supervision geringer werden lassen. Seit den Neunzigerjahren steigt jedoch die Nachfrage nach Beratung und Organisationsentwicklung bei vielen Lehrerkollegien wieder an. An der Universität Kassel, welche seit 1977 den ersten postgraduierten Studiengang Diplom-Supervision anbietet, veranstaltete man im Jahre 1990 einen Kongress mit dem Thema „Supervision in Schulen“. Seit dieser Zeit wird der Zusammenhang Schule und Supervision von neuen Themen geprägt. An der zentralen bayrischen „Akademie für Lehrerfortbildung und Personalführung“ in Dillingen wurden mehr als 100 Lehrer und Schulpsychologen in Supervision weitergebildet. Sie sollen später nicht nur Schüler, Lehrer und Eltern beraten, sondern auch an der Schulentwicklung im Lande mitarbeiten. Schwerpunktmäßig geht es dabei nicht nur um psychologische Beratung, sondern um Entwicklungsprozesse in Teams und Organisationen. Für derartige Aufgaben der Weiterbildung von Multiplikatoren sind normal qualifizierte Supervisoren nicht so sehr geeignet. Deshalb nimmt man eher mehrfach qualifizierte Supervisoren, die auch Organisationsberater sind und gleichzeitig das Arbeitsfeld Schule gut kennen. In Deutschland, Österreich und der Schweiz werden die Namen dieser teilweise freiberuflichen Spezialisten ähnlich gehandelt wie die der führenden Unternehmensberater in der Wirtschaft.

Ein weiteres Interesse an Supervision kommt durch die vielfältigen Reformen im Schulbereich zustande. In Österreich hat man schon vor einigen Jahren mit der Schulautonomie begonnen. Schulen können nun teilweise über ihre Schwerpunkte, Finanzen und Personal entscheiden. Auch in Italien beginnt diese Entwicklung. Diese Reformen werden dort teilweise supervisorisch begleitet. Einige deutsche Bundesländer erproben inzwischen den „Schulleiter auf Zeit“ und gewähren den Schulen mittels Globalhaushalten größere finanzielle Autonomie. Durch diese Neuerungen sind die Schulen zu spezifischer Profilbildung gezwungen. Sie müssen sich am Markt der knappen finanziellen Mittel und der rückläufigen Schülerzahlen bewähren. Damit verändert sich die Rolle von Schulen zu Dienstleistungsunternehmen und die Schulleiter werden zu

Bildungsmanagern. Dafür sind sie allerdings nicht ausgebildet worden. Aus diesen Gründen ist eine neue Kommunikations- und Entscheidungskultur notwendig. Für Lehrer und vor allem für das Leitungspersonal an den Schulen sind inzwischen eine Reihe von Weiterbildungsprogrammen angelaufen. Dazu gehören neben Bildungs- und Qualitätsmanagement auch die Fragen von Leitung, Supervision und Entwicklung von Organisationen.

7. Supervision im deutschen Sprachraum

Nachdem die drei Wurzeln der Supervision aus Sozialarbeit, Psychoanalyse und Pädagogik vorgestellt wurden, will ich die gegenwärtige Supervision im deutschen Sprachraum beschreiben. Es ist schon angedeutet worden, dass nach dem Zweiten Weltkrieg die Supervision über das Casework nach Deutschland kam. Vermittler waren dabei oft auch deutsche Emigranten, die Jahre vorher vor den Nazis in die USA geflohen waren. Aber auch deutsche Experten hatten bei Studienaufenthalten die Supervision in den USA kennen gelernt. Von dem Lüneburger Psychologie-Professor Eduard Hapke stammt nicht nur eine der frühen, sondern bis heute prägnanten Beschreibungen der zentralen Prozesse in der Supervision:

(1) „Wo steht der Klient innerlich, wie fühlt er, wie erlebt er von seinem Platz aus die Situation?"

(2) „Wie fühlt der Helfer; steht er vielleicht mit unbemerkten Empfindungen, Reizbarkeiten, Vorurteilen, sentimentalen Wallungen sich selbst im Weg? Immer bezieht sich das Gespräch auf den praktischen ‚Fall', immer fragt es nach dem Fühlen und der Haltung der beteiligten Menschen" (Hapke 1952, S. 2).

Die Beratungspraxis in der Supervision wurde schon damals von Hapke in einer Weise interpretiert, die wir heute in der Wissenschaft *hermeneutisches Verfahren* oder *Fallanalyse* nennen. Denn die Prozesse in der Supervision lassen sich (wie diejenigen in der Psychotherapie) wissenschaftlich schwer beschreiben. Der Supervisor „versucht zu hören, was nicht gesagt, was verschwiegen, was als selbstverständlich vorausgesetzt wird. Daraus erwächst für das Gespräch ein Thema. Die Form der Gesprächsführung ist weitgehend die weckende Frage, client-centered, immer im Hören auf das mutmaßliche Fühlen des anderen". Schon damals konnte Supervision leichter als das definiert werden, was sie *nicht* ist: „Supervision ist nicht Seelsorge und nicht Psychotherapie, so dicht oft die Nachbarschaft werden mag. Das Bezogenbleiben auf den Fall ist Schutz gegen eine Ausweitung, die die Supervision sprengen müsste. Den Abschluss des Gesprächs bildet die Frage nach dem ‚nächsten Schritt' " (S. 4). Hier haben wir es mit der wohl frühesten und immer noch gültigen Abgrenzung von Supervision zur Psychotherapie zu tun: *Berufsbezogenheit* und *Fallorientierung*. Mit Hilfe der Supervision sollten die Sozialarbeiter zu einem professionellen Verhältnis ihren Klienten gegenüber gelangen, also die „Entprivatisierung der Beziehung zum Klienten" betreiben. Wer berufliche Aufgaben und private Bedürfnisse zu sehr durcheinander bringt, wird rasch an seine Grenzen stoßen (S. 62). Wenn man an der Lösung des anstehenden Falles bleibt und sich dabei auf Gegenwart und nahe Zukunft bezieht, so vermeidet man ein Abgleiten in die Vergangenheit. Die Vermeidung von Themen, die sich sowohl auf den privaten Bereich als auch auf die Vergangenheit beziehen, schützt gleichzeitig vor einer Grenzüberschreitung in den Bereich der Psychotherapie.

So weit ein kurzer Einblick in eine frühe und immer noch gültige Beschreibung dessen, was in der Supervision geschehen kann. Wie ging es weiter mit der Supervision in Deutschland? In der Zeit nach 1960 konnte sich die Supervision an den damaligen Wohlfahrtsschulen, die für die Sozialarbeiterausbildung zuständig waren, etablieren. Es gab damals ungefähr 200 Supervisoren, die meistens als Praxislehrer in der Sozialarbeiterausbildung beschäftigt waren. Dabei wollte man den amerikanischen Begriff „Supervision" vermeiden und sprach eher von *Praxisanleitung* (bei Studenten) bzw. *Praxisberatung* (bei Berufstätigen). Seit Anfang der Siebzigerjahre kam die Ausbildung für die Sozialberufe an die Fachhochschulen. Dort jedoch fand die Supervision weniger Platz in den Lehrplänen. Sie wird seitdem vorwiegend von Weiterbildungseinrichtungen der Jugendhilfe- und Wohlfahrtsverbände sowie von Ablegern psychotherapeutischer Ausbildungsstätten angeboten. Daneben gibt es an einigen Fachhochschulen und Universitäten den Aufbaustudiengang Diplom-Supervision. Alle diese Ausbildungsstätten gründeten im Jahre 1989 die „Deutsche Gesellschaft für Supervision" (DGSv.), der inzwischen über 35 anerkannte Institutionen und 3000 Einzelmitglieder angehören.

Mit der Verlagerung der Supervision aus den Wohlfahrtsschulen, also weg von der Sozialarbeit, sowie der Hinwendung zu bekannten Richtungen von Beratung und Psychotherapie ist gleichzeitig eine neue Wissenschaft und Praxis von Beratung entstanden. Diese hat folgende Merkmale:

Akademisierung: An der Universität Kassel/Gesamthochschule hat man schon im Jahre 1975 den ersten Studiengang „Diplom-Supervision" eingerichtet; andere Hochschulen (z.B. Hannover, Freiburg, Amsterdam) folgten. Inzwischen existieren mehrere Professuren für Supervision. Seit über einem Vierteljahrhundert kann man den akademischen Grad eines „Diplom-Supervisors" erwerben.

Verwissenschaftlichung: Seit 1982 gibt es in Deutschland die Fachzeitschrift „Supervision". (Erst ein Jahr später startete in den USA „The Clinical Supervisor".) Im Jahre 1993 erschien „Forum Supervision". Ein Jahr später folgte „Organisationsberatung, Supervision, Clinical Management". Inzwischen sind mehrere Handbücher und empirische Untersuchungen über Supervision und ihre Erfolge erschienen (S. 122ff.). Insgesamt beträgt das deutschsprachige Schrifttum zur Supervision (Aufsätze und Bücher) mindestens 1500 Titel. Seit der ersten Dissertation über Supervision von Margarete Ringshausen-Krüger über „Die Supervision in der deutschen Sozialarbeit. Entwicklung von Konzeptionen, Methoden und Strukturen" (Frankfurt am Main 1977) sind sicherlich Hunderte von Diplomarbeiten und einige Dutzend Doktorarbeiten sowie zwei Habilitationsschriften (Belardi 1992; Gaertner 1999) über Supervision angefertigt worden.

Verberuflichung: Nicht nur die Mitglieder der DGSv., sondern auch Angehörige anderer psychologischer bzw. psychotherapeutischer Fachverbände bieten inzwischen Supervision an. Die meisten Supervisorinnen und Supervisoren arbeiten nebenberuflich und sind als Supervisoren von der Position einer sicheren Ganz- oder Halbtagsstelle aus tätig. Schätzungsweise leben in Deutschland etwa 2000 Personen überwiegend von Supervision. Bei den DGSv.-Mitgliedern beträgt der Anteil der Freiberuflichen, die hauptsächlich von der Supervision leben, etwa 30 Prozent (Belardi 1998, S. 142). Eine vorwiegende Existenzsicherung über Supervisionstätigkeit ist selten möglich.

In der Verbandszeitschrift „DGSv.-aktuell" (Nr. 3/1999, S. 4) wurde errechnet, dass man für 60 Minuten Supervision einen Bruttostundenlohn von mehr als € 100,– nehmen müsste, um ein Brutto-Jahreseinkommen von € 38 000,– zu erzielen. Realität sind jedoch viele Stundenhonorare um € 70,–, teilweise auch unter € 50,–.

In der Fachliteratur und auf Fachkongressen werden des Öfteren Spezialisierungen diskutiert: Supervision in den sozialen, pädagogischen, psychotherapeutischen oder medizinischen Feldern; aber auch Supervision in Verwaltung, Wirtschaft und Politik.

Inzwischen haben sich die Supervisoren auch international organisiert. Der „Association of National Organizations for Supervision in Europe" (ANSE) gehören mehr als 6000 anerkannte Supervisoren von über 50 Ausbildungsstätten an. Diese kommen aus acht nationalen Verbänden: Deutschland, Österreich, den Niederlanden, der Schweiz, Belgien, Ungarn, Slowenien und Italien (Südtirol).

8. Der Supervisionsmarkt

Die vorgenannten drei Merkmale Akademisierung, Verwissenschaftlichung sowie Verberuflichung spielen eine große Rolle beim Kampf um die Anteile am *Supervisionsmarkt*. Dieser ist ein Teil des allgemeinen Aus- und Weiterbildungsmarktes.

Allein im Sektor der freien Wohlfahrtspflege verfügen wir über mehr als 80000 Einrichtungen (Kindergärten, Erziehungsheime, Jugendhäuser, Krankenhäuser, Behindertenheime, Beratungsstellen u. v. a.) mit etwa einer knappen Million hauptberuflicher Mitarbeiter. Demgegenüber beschäftigte Deutschlands Schlüsselindustrie, der Kraftfahrzeugbau, im Jahre 1995 knapp 650000 Personen. Zu den hauptamtlich Beschäftigten in der freien Wohlfahrtspflege kommen noch etwa 1,5 Mio. neben- und ehrenamtliche Kräfte. Schon beim größten Trägerverband Caritas arbeiten 430000 Mitarbeiter, mehr als bei VW und Mercedes-Benz zusammen. Der Jahresumsatz der Sozialbranche liegt bei etwa 50 Milliarden Mark – das Vierfache des deutschen Esso-Konzerns (Belardi 1998, S. 141). In den Haushalten vieler Einrichtungen des Sozial- und Gesundheitswesens sind feste Etatposten für Supervision vorgesehen. In einigen Arbeitsbereichen ist Supervision sogar verpflichtend. „Die vom Bundesministerium für Arbeit und Sozialordnung herausgegebene *‚Psychiatrie-Personalverordnung' (PsychPV)*, in der die Tätigkeit von psychiatrischem Pflegepersonal detailliert beschrieben wird, verlangt Supervision beziehungsweise Balint-Gruppenarbeit in 14-tägigem Rhythmus." Spätestens seit dem „Achten Jugendbericht" der Bundesregierung gilt Supervision als ein anerkanntes Verfahren für die Weiterbildung im Sozialwesen (Bundesminister 1990, S. 166ff.). In Einrichtungen der Suchtberatung und Erziehungsberatung findet regelmäßig Supervision statt. Auch bei vielen zeit- und finanzaufwändigen Forschungs- und Entwicklungsprojekten verlangt der Auftraggeber den Nachweis einer *Projektsupervision*, damit die aus verschiedenen Berufen kommenden Mitarbeiter optimal miteinander arbeiten können. Supervision gilt inzwischen auch vor Gericht als Qualitätsnachweis. Wenn Sozialarbeitern oder Pflegern der Vorwurf gemacht wird, sie haben nicht sorgfältig gearbeitet, wird häufig untersucht, ob Teamgespräche bzw. Supervision stattgefunden haben. In den letzten Jahren ist es vielen Supervisoren gelungen, in dem Bereich der Beratung beim selbstständigen Mittelstand, der Industrie und der öffentlichen Verwaltung Fuß zu fassen.

Abschließend zum Thema Supervisionsmarkt kann festgehalten werden, dass dieser Markt noch große Zukunftschancen vor sich hat, wenn

- Supervision in der Lage ist, sich als Aus- und Weiterbildungsangebot über den Sozial- und Gesundheitsbereich hinaus zu profilieren;
- wenn Supervisorinnen und Supervisoren bereit sind, sich neuen Fragestellungen zu öffnen, wie beispielsweise Leitungsberatung (Coaching), Outplacement, Burn-out- und Mobbing-Vorbeugung, der Begleitung von organisatorischen Umstrukturierungen, Zertifizierung und Qualitätsmanagement.

III. Varianten, Anwendungen und Funktionen der Supervision

Zuerst sollen in diesem Kapitel einige Varianten und feldspezifische Anwendungen der Supervision erläutert werden. Danach liegt der Schwerpunkt meiner Darstellung auf den vielfältigen und sich teilweise überschneidenden Funktionen der Supervision.

1. Varianten der Supervision

Unter *interner Supervision* versteht man, dass der Supervisor auch ein hauptamtlicher Mitarbeiter in der Organisation ist, in welcher die zu Beratenden arbeiten. Das ist vor allem in den englischsprachigen Ländern der Fall. Aber auch im deutschen Sprachraum haben beispielsweise größere kommunale Jugendämter oder freie Wohlfahrtsverbände interne Supervisoren auf Stabsstellen (S. 36) oder in speziellen Weiterbildungsabteilungen beschäftigt. Die dort tätigen Supervisorinnen und Supervisoren besitzen dann aufgrund ihrer Nähe zum jeweiligen beruflichen Feld eine höhere *Feldkompetenz* als Außenstehende. Unter Feldkompetenz versteht man die Kenntnis des jeweiligen

Arbeitsfeldes, der Mitarbeiter sowie der Klientel bzw. Kunden; aber auch spezielle Beziehungsdynamiken, berufliche Probleme und die jeweiligen Kulturen der Organisation sind damit gemeint (S. 100 f.). Natürlich unterliegen diese internen Supervisoren der gleichen gesetzlichen Schweigepflicht wie externe Supervisoren (beispielsweise StGB § 203: Verletzung von Privatgeheimnissen). Trotzdem ist es verständlich, dass Vertrauen und Offenheit bei internen Supervisionen nicht so leicht herzustellen sind wie bei Beratern von außerhalb. Ängste lassen sich auch nicht einfach durch Hinweise auf die gesetzliche Schweigepflicht abbauen. Allerdings sind interne Supervisionen meistens auch Teamsupervisionen (S. 94 ff.), was – unabhängig von der Person und Rolle des Supervisors – ohnehin den offenen Austausch erschweren kann. Diesen möglichen Nachteilen von internen Supervisionen stehen jedoch auch Vorteile gegenüber: Interne Supervisoren kennen den jeweiligen Betrieb oft besser als außen stehende Berater.

„Freiburger Modell der Supervision von Krankenschwestern und Krankenpflegern am Universitätsklinikum": Das Freiburger Universitätsklinikum gehört zu den größten Einrichtungen seiner Art in Deutschland. Über 2800 Krankenschwestern und Krankenpfleger sowie 1000 Ärztinnen und Ärzte versorgen jährlich 50 000 stationäre und 380 000 ambulante Patienten. Um die psychische Gesundheit des Personals zu erhalten, Fehlzeiten, überhöhte Fluktuationen, Helferprobleme sowie Burn-out zu verringern, hat man bereits 1989 einen Supervisionsdienst als Stabsstelle geschaffen, der von zwei Diplom-Psychologinnen ausgeübt wird. Seit dieser Zeit wurden von nahezu allen Abteilungen des Klinikums über 130 Supervisionsgruppen mit mehr als 1400 Sitzungen durchgeführt. Hinzu kamen noch Kriseninterventionen (S. 60 ff.) sowie Supervision von Leitungspersonal, also Coaching (S. 56 ff.). Dabei hat jede Station zunächst Anspruch auf zehn Sitzungen Supervision. Diese werden auf die Dienstzeit angerechnet und sind für die Beteiligten freiwillig und kostenlos. Die Akzeptanz ist überdurchschnittlich groß (Report Psychologie 9/2000, S. 575).

Mit den Vor- und Nachteilen der *externen Supervision* verhält es sich im Grunde genommen umgekehrt. Der Supervisor kommt von außen und ist deshalb nicht so sehr in Gefahr, „betriebsblind“ zu sein, er wird eher „neutral“ wahrgenommen. Möglicherweise versteht der externe Supervisor allerdings zu wenig vom jeweiligen Berufsfeld. So kann er durch mangelnde *Feldkompetenz* zu falschen Schlüssen und Deutungen gelangen, weil er die jeweiligen Gepflogenheiten in der Branche, die spezielle Geschichte, Kommunikations- und Organisationskultur nicht kennt. Häufig verhalten sich die Teilnehmer bei externen Supervisoren offener, weil sie eine Weitergabe von Informationen an Außenstehende nicht befürchten müssen. (Alle persönlichen Informationen in jeder Variante der Supervision unterliegen dem Datenschutzgesetz.)

Abschließend zur Betrachtung dieser Varianten der Supervision sollen noch vier weitere, in der Praxis allerdings selten vorkommende Möglichkeiten angesprochen werden:

(1) Wenn es zum Austausch von Supervisoren zwischen zwei Einrichtungen oder zur Einstellung einer Supervisorin für mehrere Einrichtungen eines großen Trägerverbandes (z.B. kirchlicher Träger, Kommune) kommt, spricht man vom *Supervisionsverbund.*

(2) Statt der oftmals monatlichen Supervisionssitzung bevorzugen manche Einrichtungen eine *Kompaktsupervision.* Dabei werden bekannte Supervisorinnen eingeladen, um für mehrere Tage im Rahmen von Fortbildungsmaßnahmen mit dem Personal zu arbeiten.

(3) Wenn die Supervision im Einverständnis aller Beteiligten direkt vor Zuschauern, hinter einem Spiegel oder durch Videoübertragung stattfindet, spricht man von *Live-Supervision.* Diese Variante kommt am häufigsten in der Ausbildung vor.

(4) Manche Trägereinrichtungen verfügen über einen geringen Weiterbildungsetat. Um allen Abteilungen, Stationen oder Teams eine Supervision zu ermöglichen, werden die finanziellen Mittel jedes Jahr einer anderen Abteilung zur Verfügung gestellt. In diesem Falle spricht man von einer *Rotationssupervision.*

2. Arbeitsfelder der Supervision

Wie viele Veröffentlichungen des letzten Jahrzehnts zeigen, hat die Supervision längst ihren ursprünglichen Bereich der psychosozialen, pädagogischen und gesundheitlichen Berufe verlassen und attraktive Angebote in Wirtschaft und Verwaltung unterbreiten können. Diese Hinwendung zum Profit-Bereich war nicht ganz einfach, standen sich doch anfangs scheinbar unversöhnliche Welten gegenüber. Doch in Wirklichkeit ist es nicht so, dass im Non-Profit-Bereich nur ethisch hohe Ziele verfolgt werden oder dass im Profit-Bereich die reine Gewinnmaximierung im Vordergrund steht. Immer mehr Unternehmen des Sozial- und Gesundheitswesens müssen sich auch an Prinzipien der Wirtschaftlichkeit und der Gewinnerzielung orientieren. Demgegenüber haben auch primär erwerbswirtschaftliche Unternehmen nicht nur soziale Komponenten zu berücksichtigen, sondern praktizieren schon lange moderne – an humanistischen Methoden orientierte – Formen der Weiterbildung im Rahmen ihrer Personalentwicklung. Damit nähern sich die beruflichen Anforderungen der ursprünglich getrennten Erwerbsbereiche immer mehr an, so dass es manchmal fraglich scheint, ob die begriffliche Trennung von Non-Profit- und Profit-Sektor beim Thema Supervision noch so starr aufrechtzuerhalten ist.

Im Folgenden sollen die Unterschiede zwischen dem Non-Profit- und dem Profit-Bereich vernachlässigt werden. In welchen „neuen Feldern“ ist die Supervision inzwischen tätig?

Supervision ist auch in verschiedenen Bereichen von *Verwaltung* bzw. *öffentlichen Dienstleistungen* als eine Fortbildungsmöglichkeit bekannt (Stahmer/Brauner 1994). Die Variationen und Anwendungsmöglichkeiten scheinen dabei unerschöpflich zu sein. Da wird beispielsweise eine Supervisorin als Fortbilderin für Mitarbeiter einer städtischen Badeanstalt eingestellt. Denn diese Einrichtung hat Probleme, sich vom traditionellen Badebetrieb auf ein wettbewerbsorientiertes und verbraucherfreundliches „Spaß-Bad“ umzustellen. Aber auch über Beratungstätigkeit bei der *Polizei* liegen mehrere

Publikationen vor (z.B. Ricken 1994). Diese Berufsgruppe ist ja in besonderem Maße psychischen Belastungen und sozialem Druck ausgesetzt. Polizeibeamte sehen sich oft mit Situationen konfrontiert, für welche es keine klaren Vorgaben gibt, aber starker Handlungsdruck besteht. Damit steigt die Notwendigkeit, als *Person* und gleichzeitig in der *Berufsrolle* zu agieren. Supervision bietet dabei eine gute Möglichkeit der Reflexion. Auch Mitglieder von „Sondereinsatzkommandos" (SEK) der Polizei erhalten supervisionsähnliche Beratung während und nach kritischen Einsätzen; beispielsweise nach Geiselnahmen bzw. Schusswaffengebrauch.

Im Jahre 1995 kam es in Köln zu einer Geiselnahme, bei welcher der Geiselnehmer von einem Sondereinsatzkommando der Polizei erschossen wurde. Einige Polizeibeamte äußerten danach, dass es bei ihnen zu „persönlichen Problemen" gekommen sei. „Durch eine Supervision, die Polizeibeamte aus anderen Städten geleitet hatten, sei das Problem nun zunächst beigelegt worden."

Was Polizeibeamte nach Unfällen und Gewalttaten teilweise psychisch mit sich herumschleppen müssen, ist beachtlich.

Beispielsweise erhalten eine Polizeibeamtin und ein Polizeibeamter einer Arbeitsgruppe zur Bekämpfung des sexuellen Missbrauchs von Kindern mit Hilfe von Supervisionsgesprächen eine Entlastung. Sie könnten sonst schwer den Druck und die eigenen Aggressionen, die durch den täglichen Umgang mit sexuellem Missbrauch von Kindern entstanden sind, abbauen.

Oft hilft ein einfaches entlastendes Gespräch, um von Zweifeln, ob man „richtig" gehandelt habe, oder von quälenden Schuldgefühlen befreit zu werden.

Ein weiteres Anwendungsfeld ist die Supervision im *kirchlichen Bereich*. So ist die Tätigkeit von Gemeindepfarrern nicht nur vielseitig, sondern sie enthält auch die Gefahr von Überforderung und Rollenüberlastung. Neben den Gottesdiensten, Hausbesuchen, Taufen, Beerdigungen ist noch Kommunions- bzw. Konfirmandenunterricht, die Aufsicht über einen Kindergarten, ein Jugend- oder Gemeindezentrum und die Führung eines Gemeindebüros zu leisten. Viele Pfarrer sind darin nicht ausgebildet. Ursprünglich an theologischen Fragen interessiert, finden sie sich nun in Rollen als Sozialarbeiter, Therapeut, Lehrer und Manager wieder. Auch der Umgang mit dem Gemeindevorstand und der kirchlichen Hierarchie will gelernt sein. Zunehmend wird die Supervision im seelsorgerischen Bereich deshalb als „pastoralpsychologischer Dienst" verstanden. Supervision soll der „inneren Ermüdung", also den Folgen des *Burn-out* (S. 63 f.), entgegenwirken. Deswegen haben einige Landeskirchen schon Richtlinien zur Supervision und Weiterbildung von Pfarrern sowie anderen kirchlichen Mitarbeitern erlassen. Supervisorisch ausgebildete Pfarrer sollen dabei anderen Geistlichen beratend zur Seite stehen. Im diakonischen Bereich wird auch eine eigenständige Supervisions-Weiterbildung für theologische Berufe diskutiert.

Auch im *selbstständigen Mittelstand* wird Supervision wahrgenommen. Unternehmer im mittelständischen Bereich erkennen, dass sie es zunehmend mit speziellen nichtfachlichen Problemen auf der psychologischen und organisatorischen Ebene zu tun haben. Im Vergleich zu den großen Industriebetrieben mangelt es diesen einzeln arbeitenden Selbstständigen an Kollegen und spezialisierten Fortbildungsmöglichkeiten, die auf ihre Bedürfnisse zugeschnitten sind. Gerade die Angehörigen akademisch ausgebildeter Berufe meinen, dass fachliches Können allein ausschlaggebend für den beruflichen Erfolg sei. Wenn sie die kommunikative und organisatorische Seite ihrer Tätigkeit übersehen oder gering schätzen, werden sie eventuell auch Opfer ihrer hochgradigen Spezialisierung.

Nach vielen Jahren in der Klinik lässt sich ein Facharzt in freier Praxis nieder. Er ist jetzt zwar sein „eigener Herr", sieht sich allerdings mit vielen neuen und ungewohnten Aufgaben konfrontiert: Organisation einer großen Praxis, Führung mehrerer Arzthelferinnen sowie den großen Diskrepanzen zwischen eigenem Anspruch, medizinisch helfend tätig zu sein, und der Tatsache, dass Patienten mit Problemen kommen, die eigentlich keiner medizinischen Hilfe bedürfen. Diese reichen vom Wunsch „krankzufeiern" bis zum Bedürfnis nach

Kontakt und Kommunikation. Für manche ältere Patientin ist neben dem Postboten und der Supermarktverkäuferin nur noch der Arzt eine wichtige tägliche Beziehungsperson.

Ein ähnlich gelagertes Anliegen hat ein seit zwölf Jahren in freier Praxis tätiger Zahnarzt.

Zum Erstgespräch brachte er in die Supervision ein Buch über „Burn-out" mit, um hervorzuheben, dass er „hochgradig" an dieser „Krankheit leide". Seit über einem Jahr trage er die Anschrift der Supervisorin mit sich herum; jetzt endlich habe er den „Schritt" gewagt. Er könne die meisten Patienten nicht mehr ertragen. Schwierig sei es für ihn vor allem, schnell in „körperliche Nähe" kommen zu müssen, Schmerzen zuzufügen, um „helfen" zu können.

Weiterhin ist aus der Fachliteratur ein Bericht über die Supervision in einem *Reisebüro* bekannt. Die Inhaberin eines neuen Reisebüros engagierte eine Supervisorin, um das Betriebsklima zu verbessern. Während der Supervisionszeit mussten zwei Kündigungen verkraftet werden (Kaupp 1993).

Von einem *selbstständigen Architekten* liegt folgender Bericht über seine Erfahrungen mit Supervision vor:

„Bisher habe ich technische, kaufmännische oder gewerbliche Berufe eher rein funktional betrachtet. Als Architekt war es mein Ziel, dass der Bauherr durch mein Zuhören, Verstehen, Beraten, Planen und Ausführen einer Baumaßnahme einen größtmöglichen Nutzen für sich erreichen sollte. Über meine persönliche Wirkung bei meinen beruflichen Aktivitäten habe ich mir in der Vergangenheit eigentlich wenig Gedanken gemacht. Zufällig bemerkte ich als nebenamtlicher Dozent in einer beruflichen Weiterbildung, dass mir einige der erwachsenen Teilnehmer durch ihre Verhaltensweisen unangenehm waren. Ich war nicht in der Lage, ihnen das zu sagen. Ein Teilnehmer schien das mitbekommen zu haben. Jedenfalls fragte er mich, weshalb ich im Gespräch mit ihm so „grinsen" würde, ob er mich langweile. Das gab mir zu denken. Zufällig erfuhr ich zur gleichen Zeit aus dem Bekanntenkreis, dass sich Supervision genau mit diesen Fragen und ihrer möglichen Lösung beschäftigt. Nach mehreren Wochen hatte ich mich bei

einem Supervisor angemeldet. Auf meine Frage, wie Supervision abläuft, erhielt ich die sinngemäße Antwort, dass ich das selber bestimmen würde. Erst im späteren Verlauf der Supervision wurde mir klar, was damit gemeint war. In vielen Supervisionssitzungen hat er mir so etwas wie einen „Spiegel" vorgehalten. In ihm bekam ich die Wirkung meines Verhaltens auf andere gezeigt. Wie wirken meine Stimme, Sprache, meine Ausdrucksweise und meine Körperhaltung auf die Umgebung? Wird auch etwas anderes verstanden als das, was ich vermeintlich mitgeteilt habe? Hinzu kommt noch der Anlass für meinen „Gang zum Supervisor": Wie kann ich das, was ich fachlich vertrete, auch richtig „rüberbringen"? Alle zwei Wochen hatte ich nun Gelegenheit, fernab von der Alltagsroutine, die kommunikativen und beziehungsmäßigen Anteile meiner Arbeit zu reflektieren. Was war dabei wichtig und neu? Ich habe gelernt, besser darauf zu achten, wie ich berufliche Beziehungen aufnehme und gestalte. Ich habe erfahren, wo meine „blinden Flecken" liegen, was ich immer wieder bei mir oder anderen übersehe oder umgekehrt leichtfertig in andere „hineinsehe". Weiterhin hat mir die Supervision eine Bestätigung von bisher eher unsicheren Vermutungen gebracht. Bei manchen Themen hatte ich den Eindruck, so oder so ähnlich hast du es vorher schon gewusst, bist dir allerdings nicht sicher gewesen. Diese zunehmende Klarheit war dann sehr hilfreich für die Zukunft. Wichtig war es noch, meine professionelle Rolle als einen Teil von mir zu sehen, aber auch meine persönliche Grenze zu erkennen und zu schützen."

Ferner kennen wir die *Supervision von Modellprojekten*: Modellprojekte sind Vorhaben, die der Erprobung neuer Versorgungssysteme, Arbeitsweisen oder Produkte dienen. Sie haben zwar „Einmaligkeitscharakter", sind aber gleichzeitig eine Art „Probelauf" für eine mögliche dauerhafte Institutionalisierung. Modellprojekte sind aus mehrfachen Gründen kompliziert. Inhaltlich und organisatorisch wird oft Neuland betreten; die Mitarbeiter kommen häufig aus verschiedenen Fachrichtungen und kannten einander vorher nicht. Deswegen neigen sie dazu, ihre jeweilige Einzeldisziplin in den Vordergrund zu stellen, obwohl gerade bei Modellprojekten eine interdisziplinäre Sichtweise und Zusammenarbeit vonnöten ist. Alle diese Gründe führen dazu, dass die Projektmitarbeiter unter außergewöhnlich hohem Erfolgsdruck stehen. Denn oft hängt vom Gelingen des Modellprojekts auch noch die Weiterbeschäftigung ab. Viele Auftraggeber von Modellprojekten in Industrie, Verwaltung oder der freien Wohlfahrt verbinden mit der Finanzierungszusage auch die Erarbeitung einer wissenschaftlichen Dokumentation (*Evaluation*) bzw. eine Projektberatung (*Projektsupervision*).

Es soll an dieser Stelle auch darauf verwiesen werden, dass in der ehemaligen DDR eine ähnliche Form der Projektsupervision zur Unterstützung naturwissenschaftlicher Forschung bestanden hat. „Diese Beratung und Begleitung von Gruppen in der Forschung begann Anfang der Achtzigerjahre und dauerte bis zur Wende an“ (Selter u.a. 1995, S. 364).

Nachdem die Supervision schon seit Jahren erfolgreich ihre Dienstleistungen im psychiatrischen Sektor anbietet, scheint sie jetzt auch stärker im allgemeinen *medizinischen Bereich* der Kliniken nachgefragt zu werden. Von Werner (1995) liegt ein Bericht vor über die Stationssupervision an der Medizinischen Klinik und Poliklinik der Universität Heidelberg. Hier hat man mit der Supervision schon im Jahre 1976 begonnen, und seit 1994 kam noch eine wissenschaftliche Begleitforschung hinzu.

Unter den neuen Feldern von Supervision scheint die *Supervision in der Industrie* für viele Supervisoren besonders attraktiv zu sein. Das hat sicherlich nicht nur mit den guten Verdienstmöglichkeiten zu tun, sondern auch mit dem ansteigenden Bedarf an Supervision in diesem Bereich. Vor allem der zunehmende internationale Konkurrenzdruck hat zu neuen betrieblichen Strategien geführt. Das Schlagwort von der *Lean Production* bzw. vom *Lean Management* besagt, dass mit dem Abbau von unnötiger Hierarchie und Vereinfachung der Verwaltung auch eine Ersparnis von Arbeitskraft, Material und Zeit einhergehen könne. Ferner seien die kreativen Potenziale der Mitarbeiter besser zu nutzen. Vor allem die Vorgesetzten auf den mittleren Unternehmensebenen müssen von der bisherigen Rolle als „Anweiser“ zu kooperierenden Gruppenleitern umgeschult werden. So folgte dem dann „der Ruf nach neuen Rezepten zur Qualifizierung vor Ort“ (Dorando/Grün 1993, S. 56f.). Aus diesem Grunde finden Supervisoren auch seit Jahren Beschäftigung in der betriebsinternen Fortbildung von Meistern, Abteilungsleitern sowie anderem Leitungspersonal auf der mittleren Ebene. Bemerkenswert ist dabei, dass man in der Fachliteratur statt des in der Industrie missverständlichen Begriffes Supervision eher den Terminus *Coaching* (S. 56ff.) benutzt.

Vor allem die Hinwendung zur Industrie hat die fachliche Diskussion erweitert und wird natürlich auch kontrovers diskutiert. Neben der Faszination, im leistungsorientierten Industriesektor zu arbeiten und an der Macht teilzuhaben, scheinen vor allem die Verdienstmöglichkeiten ein Motiv zu sein. „Schließlich last not least ist das Honorar, das für die beraterische Leistung im Profit-Bereich bezahlt wird, um ein Vielfaches höher, als der Berater im Non-Profit-Bereich verdient. Der Wunsch, viel Geld zu verdienen, scheint sich zu erfüllen; die Kargheit und Bedürftigkeit der sozialen Felder hinter sich zu lassen und am Überfluss, der Großzügigkeit und vielleicht auch manchmal der Verschwendung wirtschaftlicher Unternehmen teilzuhaben, ist zweifelsohne ein verführerisches Angebot“ (Weigand 1993, S. 9). Auch beim „Zweiten Deutschen Supervisionstag“ in München im Jahre 1994 beschäftigte man sich kontrovers mit dem Thema „Supervision – ein Instrument der Personalentwicklung“. Das Thema Supervision in der Industrie kann hier nicht vertieft werden. *Abschließend* soll noch auf einige diskussionswürdige Fragen hingewiesen werden:

(1) Verfügen Supervisorinnen und Supervisoren aus dem psychosozialen Bereich über die notwendige *Feldkompetenz*, also besitzen sie das fachspezifische Wissen und Können für die Arbeit in der Industrie?

(2) Können sie sich mit den *Zielen* im Wirtschaftsbereich identifizieren?

(3) Wie verhalten sie sich im möglichen *Konflikt* zwischen Geld und Ethik?

Tab. 1: Arbeits- und Einsatzfelder der Supervision

Non-Profit-Bereich	Profit-Bereich
Sozial-, Gesundheits- und Bildungswesen	*Selbstständige*
Sozialarbeit/Sozialpädagogik	Psychologen
Krankenhaus	Anwälte
Psychiatrie (ambulant und stationär)	Ärzte
Altenhilfe (ambulant und stationär)	Architekten
Kirchliche Einrichtungen	Software-Dienstleister
Telefonseelsorge	Call-Center
Heilpädagogische Institutionen	Reisebüro
Schulen aller Art	Handwerksbetrieb
Erwachsenenbildung	
	Industrie
Öffentlicher Dienst	
Kommunalverwaltung	*Sport*
Landes- und Bundesbehörden	
Ministerien	
Polizei	
Militär	
Politik	
Politische Parteien	

3. Funktionen der Supervision

Die Supervision hat in den letzten einhundert Jahren mehrfache Erweiterungen und Veränderung seiner Funktionen erlebt. Standen am Anfang *Hilfe* und *Kontrolle* für die Sozialarbeiter und Psychotherapeuten im Vordergrund, so trat im deutschen Sprachraum seit den Siebzigerjahren der Kontrollaspekt immer mehr in den Hintergrund. Dabei folgte man der allgemeinen gesellschaftlichen Entwicklung zum Abbau von Hierarchie und Autorität. Um Kreativität und Autonomie zu fördern, ist es hilfreich, Arbeitsprozesse stärker in beziehungsmäßiger Hinsicht zu reflektieren. Aus diesem Grunde kam es bei der Supervision zu Anleihen aus den psychotherapeutischen Richtungen. Es ist sicher kein Zufall, dass manche Ausbildungsstätten für Supervision ursprünglich Ableger psychotherapeutischer Institute gewesen sind. In meinem Verständnis von

Supervision möchte ich die psychotherapeutische Sichtweise erweitern und die Verbindung zur Psychologie (Arbeits-, Betriebs- und Organisationspsychologie) und Wirtschaftswissenschaft (Personalentwicklung) herstellen. Aus diesem Grunde vertrete ich einen *breiten Begriff* von Supervision, der sich praktisch mit den kommunikativen Anteilen der Aus- und Weiterbildungsmaßnahmen im beruflichen Bereich beschäftigt. Im Folgenden möchte ich die unterschiedlichen Anwendungsmöglichkeiten von Supervision in *funktionaler Hinsicht* beschreiben. Das sollte möglichst praxisnah vonstatten gehen. Allen diesen nachstehenden Anwendungsmöglichkeiten von Supervision gemeinsam ist jedoch der übergeordnete Gesichtspunkt der Erweiterung von Kompetenzen. Diese *Kompetenzerweiterung* bezieht sich mindestens auf *vier Dimensionen*:

- *Personale Entfaltung* (Erweiterung des Wissens über sich und die eigene Wirkung auf andere),
- *Beziehungs- bzw. Arbeitsgestaltung* (Kontakt, Begegnung, Harmonie, Konflikt, Lösungen),
- *Strukturelle Entfaltung* (Rollen, Positionen, Funktionen, Aufgabenbewältigung des Einzelnen im beruflichen System),
- *Methodische und instrumentelle Entfaltung* (Verbesserung von Kenntnissen und Fertigkeiten hinsichtlich des beruflichen Feldes, der Diagnose und Bewältigung von Arbeitsproblemen, Krisenmanagement) (Fallner 1997, S. 163).

Schon die folgenden Zwischenüberschriften zeigen, was Supervision alles zu leisten vermag. Teilweise firmieren diese Funktionen auch unter anderen Begriffen, und es kommt zu inhaltlichen Überschneidungen. Ich möchte noch einmal hervorheben: Längst nicht alles, was jetzt in diesem Kapitel dargestellt wird, ist Supervision; aber alles Folgende hat damit zu tun.

3.1 Monitoring und Begleitung

In den romanischen Ländern benutzt man statt Supervision zuweilen auch noch den Begriff *Monitoring*, was so viel wie Überwachung, Kontrolle und Instruktion bedeutet. In den Niederlanden wird anstelle des Begriffes „Supervision" oft der Terminus *Begleitung* verwendet. Damit ist gemeint, dass jemand, der sich in einem Arbeitsprozess befindet, dabei von einem außen stehenden Experten „begleitet" wird. Diese Begleitung ist vor allem eine Reflexionshilfe; sie kann stattfinden in der Aus- oder Fortbildung bzw. während eines längeren Arbeitsprozesses. Eine Variante dieser Begleitung haben wir weiter oben in diesem Kapitel unter dem Stichwort „Projektsupervision" schon kennengelernt (S. 38).

3.2 *Aus- und Weiterbildung*

In vielen beruflichen Ausbildungen gehört die Supervision (oder eine ähnliche Begleitung) zu den notwendigen Ausbildungsinhalten. Dabei werden jedoch unterschiedliche Begriffe verwendet. So spricht man in den sozialen oder pflegerischen Berufen auch von Praxisanleitung oder Praxisberatung. In der Ausbildung von Psychoanalytikern nennt man den entsprechenden Lernvorgang Kontrollanalyse (S. 21). Aber auch in viel stärker formalisierten Ausbildungsgängen haben wir in den Ausbildungsphasen institutionalisierte Formen der Praxisreflexion. Man denke nur an die Lehrprobe der Lehramtsreferendare in der Schule oder die Lernstationen, die ein Rechtsreferendar oder ein Arzt im Praktikum durchlaufen muss.

3.3 *Personalentwicklung und Supervision*

Als Personalentwicklung bezeichnet man alle möglichen Maßnahmen zur Verbesserung der beruflichen Qualifikation (z.B. Aus- und Weiterbildung) in einem größeren Unternehmen. Von ihren praktischen Aufgaben und den Inhalten her hat die Personalentwicklung einige Bezüge zur Supervision: etwa bei Gesprächen über Arbeitsplatz und Leistung, Gehalts- oder regelmäßigen Mitarbeitergesprächen. Auch das Assessment Center gehört in diesen Bereich (S. 54). Gleichzeitig ist die Personalentwicklung ein Schwerpunkt innerhalb der wirtschaftswissenschaftlichen Studiengänge mit Bezügen zur Arbeits-, Betriebs- und Organisationspsychologie. Vielen Mitarbeitern in der Personalentwicklung scheinen gerade die praktischen Kompetenzen im Bereich der Reflexion über Arbeit im Zweier- bzw. Gruppengespräch zu fehlen. Denn in den letzten Jahren kann man ein zunehmendes Interesse von Personalmanagern (wie auch von freiberuflichen Unternehmensberatern) an der Weiterbildung in Supervision beobachten. Erst in jüngster Zeit kam es zu einigen Veröffentlichungen, die sich mit dem Grenzbereich Personalentwicklung und Beratung beschäftigen (z. B. Teuchert 1995). Umgekehrt fehlt es vielen Supervisoren jedoch an Kenntnissen und Fertigkeiten aus dem Bereich Personalmanagement bzw. Arbeits- und Betriebspsychologie.

3.4 Qualitätssicherung und Qualitätszirkel

Die Qualitätssicherungsfunktion von Supervision beinhaltet *zwei Schwerpunkte*: (1) Supervision gilt inzwischen auch vor Gericht als Qualitätsnachweis. Wenn Sozialarbeitern oder Pflegern der Vorwurf gemacht wird, sie haben nicht sorgfältig gearbeitet, wird untersucht, ob die Arbeit dokumentiert wurde und ob die notwendigen Teamgespräche bzw. Supervisionen stattgefunden haben.

(2) Darüber hinaus wird Supervision in einem erweiterten Sinne auch häufig zur Unterstützung und Begleitung von formalisierten Maßnahmen der Qualitätssicherung und Zertifizierung eingesetzt. Immer mehr Unternehmen lassen ihre internen Abläufe von externen Auditoren verbessern. Folge ist auch, dass die Binnenprozesse reorganisiert werden müssen. Damit sich diese organisatorische Veränderung nicht zu einem bloßen formalen Akt oder einer Pflichtübung entwickelt, empfiehlt es sich, bei den internen Team- und Gruppengesprächen auch gruppendynamische Gesichtspunkte zu beachten. Das ist vor allem sinnvoll, um Ängste oder Widerstände des Personals abzubauen. Einige Supervisorinnen und Supervisoren haben dieses Problem erkannt und deswegen zusätzlich Kompetenzen im Qualitätsmanagement erworben.

Auch die Arbeit von Qualitätszirkeln funktioniert dann optimal, wenn sie zumindest in der Anfangsphase supervisorisch begleitet wird. Denn bei diesen Gruppen kommen meistens vorher einander unbekannte Personen aus verschiedenen Abteilungen zusammen, die von dort für die Qualitätspflege eines gemeinsamen Produktes bestimmt wurden. Meistens werden nach einer vorgegebenen Systematik Aufgaben abgearbeitet, Daten gesammelt. Es wird diskutiert und es werden Verbesserungsvorschläge für die Qualität formuliert. Qualitätszirkel stellen auch Maßnahmen zur Personalentwicklung dar. Gleichzeitig handelt es sich um künstliche Gruppen mit den bekannten Gefahren „wilder Gruppendynamik“. Deshalb ist eine supervisorische Betreuung sinnvoll.

Meiner Meinung nach kann Qualitätssicherung nur funktionieren, wenn supervisorische Gesichtspunkte berücksichtigt werden. Umgekehrt muss ein guter Supervisor auch über Kenntnisse und Erfahrungen in der Qualitätssicherung verfügen.

3.5 Training: Welche Kompetenzen sollen gelernt werden?

In manchen Berufen sind immer wieder neue kommunikative Kompetenzen gefordert, um dem Anspruch nach Kundennähe gerecht zu werden und um Marktanteile erhalten zu können. Im Vergleich zu früheren Zeiten sind wir als Abnehmer oder Kunden von speziellen Dienstleistungen immer wieder erstaunt, wie gut informiert und wie freundlich Verkäufer oder Geschäftspartner geworden sind. Nicht nur im Wirtschaftsbereich, sondern auch im öffentlichen Dienst (z.B. bei den Kommunalverwaltungen) hat sich der Service teilweise erheblich verbessert. Häufig haben wir es dann mit den Ergebnissen eines gelungenen Verkaufs- oder Telefontrainings zu tun. In solchen Trainings werden in erster Linie realistische Situationen mit bestimmten psychologischen Techniken und Rollenspielen eingeübt. Gleichzeitig geht man praxisnah von typischen Konflikten in der Alltagsarbeit aus. Diese lassen sich im Rollenspiel wiederholen, besprechen und reflektieren, um sie dann durch alternative Handlungsformen zu ergänzen. In diesem Falle haben wir es mit einem Erwerb neuer Kompetenzen zu tun.

3.6 Assessment Center

Beim Assessment Center handelt es sich um ein Beurteilungs- und Testseminar zur Personalauswahl. Ursprünglich kommt es aus dem Training der Militärs in den USA. Seit einigen Jahren wird es im Profitsektor, neuerdings auch im Non-Profit-Bereich, zur Auswahl von mittleren und oberen Führungskräften bei Neueinstellungen bzw. Aufnahme in den Führungsnachwuchs angewendet. Im Idealfall nehmen etwa vier bis zehn Personen meistens ein bis drei Tage daran teil. Im Mittelpunkt des Assessment Centers stehen Situationen, welche den realen Anforderungen von Leitungskräften nahe kommen sollen. Diese werden in der Regel mit Hilfe von Interviews, Fallstudien, Präsentationen, Rollenspielen oder unstrukturierten („führerlosen") Gruppendiskussionen simuliert. Dabei wird untersucht, wie es beispielsweise um die Informationsverarbeitung, die Durchsetzungsfähigkeit, das Kommunikationsverhalten, die Überzeugungskraft, aber auch um die ethischen Werte sowie die sozialen Kompetenzen bestellt ist. Das Assessment Center wird von internen und externen Personalfachleuten geleitet; diese sind teilweise als Moderatoren und teilweise auch als Beobachter tätig. Die Tätigkeit im Assessment Center ist nicht direkt Supervision; sie hat allerdings viele Gemeinsamkeiten mit Supervision, weil sie auch Reflexion von Arbeit in einer besonderen („künstlichen") Situation darstellt.

3.7 Teamprobleme bewältigen

Mit dem Begriff *Team* ist hier allgemein eine kooperierende Arbeitsgruppe gemeint. Meistens sind Teams auf Dauer eingerichtet. Teams können aber auch als *Projektgruppen*, *Querschnittgruppen* oder *Planungsgruppen* nur zeitweise installiert werden. Die Probleme in diesen Gruppen sind vielfältiger Art; beispielsweise Führungs- und Steuerungsfragen, Kommunikations- und Beziehungsprobleme, Differenzen bei fachlichen Themen, Schwierigkeiten mit Klienten oder Kunden. Im Kapitel V ist dem Thema „Teamprobleme" ein spezieller Abschnitt gewidmet.

3.8 Kommunikations- und Beziehungsprobleme meistern

Die Liste der typischen Kommunikations- und Beziehungsprobleme, die bei der Arbeit in Institutionen auftauchen, ist sehr lang. Leider kann diese Thematik im Rahmen einer Einführung nicht erschöpfend behandelt werden. Allerdings möchte ich an dieser Stelle einige allgemeine Hinweise auf typische Probleme geben, welche Kommunikation und zwischenmenschliche Beziehungen in der Arbeitswelt erschweren. Zu den Schwierigkeiten einfacher Art gehören die uns bekannten Missverständnisse, Unachtsamkeiten, Wahrnehmungsfehler oder Fehlleistungen des Alltags.

Häufig kommt es zu Wahrnehmungs- und Handlungsfehlern, weil die *Beziehungs-* und *Inhaltsebene* der Kommunikation nicht auseinander gehalten werden können. Denn *wie* etwas gesagt wird, beeinflusst, *was* verstanden wurde. Wir können den Sachinhalt dann oft nicht mehr richtig wahrnehmen und reagieren unangemessen, weil beispielsweise die Art, *wie* etwas gesagt wurde, uns das rationale Verständnis dessen, *was* jemand gesagt hatte, erschwert.

Obwohl diese Probleme eigentlich leicht einer Aufklärung zugänglich sind, fehlt es im Arbeitsalltag oft einfach an der dazu notwendigen Zeit, den Möglichkeiten sowie der neutralen externen Steuerung für eine solche Klärung.

Entsprechend schwierig gestaltet sich dann die Reflexion von Prozessen, die, psychologisch gesehen, „tiefer" verankert sind. Hierzu gehören beispielsweise sich wiederholende *Projektionen* oder *Übertragungen* (S. 22ff.).

3.9 Selbstvergewisserung ermöglichen

Hierzu gehört die folgende uns allen bekannte Situation: Man ist sich eigentlich klar über die Bewertung eines beruflichen Vorganges und über Richtung und Ziel der eigenen Aktion. Gleichzeitig ist die Situation unangenehm und emotional angespannt. Es gäbe theoretisch auch noch Alternativen und man hat deshalb auch noch ein Bedürfnis nach Kommunikation darüber. Man möchte noch Zweifel ausräumen und tut sich mit der Entscheidung schwer. Es wäre jetzt hilfreich, die Sache mit einer „neutralen Person“ durchzusprechen, die eigene Meinung mit jemandem zu überprüfen oder einfach auch nur Emotionen über diesen Vorfall „loszuwerden“. Supervisorinnen und Supervisoren sind dann wie ein „Spiegel“, in dem man den eigenen inneren Dialog verbildlichen kann. Meistens sind nach einem Supervisionsgespräch dann plötzlich Richtung, Ziel und Entscheidung „klar“ (vgl. S. 45 f.).

3.10 Moderation und Präsentation: Zeigen, was man kann

Nicht selten kommt es im Beruf vor, dass man vor Mitarbeitern, Kunden oder Geschäftspartnern zeigen muss, was man geleistet oder anzubieten hat. Viele Mitarbeiter haben zwar gute Fähigkeiten, ihre zentralen Aufgaben zu bewältigen; gleichzeitig tun sie sich jedoch schwer damit, die Ergebnisse ihrer Arbeit oder neue Vorhaben in angemessener Form darzustellen. Dann sind soziale Kompetenzen gefragt, die über das eigentliche fachliche Wissen hinausgehen. Denn zur Moderation oder Präsentation gehören Fähigkeiten wie zuhören, Inhalte strukturieren sowie Zusammenhänge herstellen, die Zuhörer einer Veranstaltung ernst nehmen und zur Beteiligung aktivieren. Supervision kann in diesen Fällen helfen, die Moderation einzuüben, eventuell mit Video-Unterstützung einen „Probelauf“ zu machen, um das Ergebnis bzw. die Präsentation dann selbstkritisch zu untersuchen.

3.11 Coaching: Die Leiden der Leiter verringern

Anfänglich handelte es sich beim *Coaching* um die psychologische Unterstützung von Spitzensportlern in den USA. Diese sind bekanntlich vor Wettkämpfen enormen Belastungen ausgesetzt (*„Der Wettkampf wird im Kopf entschieden“*). Nicht selten haben Spitzensportler durch ihre hohe Mobilität verminderte soziale Kontakte. Deshalb wurde eine neue Funktion und Rolle für die einsame Spitzenperson geschaffen. So kam der Coach in die Rolle der psychologisch-persönlichen Bezugsperson. Danach wurde der Begriff Coaching auch als Beratung und Unterstützung von Politikern und Managern angewendet. Coaching ist sinnvoll für Menschen mit Leitungsaufgaben in Wirtschaft, Verwaltung, Sozial- und Gesundheitswesen, Politik und Sport. Bekanntlich „leiden" Personen in Spitzenfunktionen auch unter ihrer „Einsamkeit". Sie haben oft Entscheidungen über Untergebene oder Abhängige zu treffen und können diese deshalb auch nicht um Rat fragen. Coaching hat *zwei Ziele*:

- Unterstützung, Begleitung und berufliche Reflexion von Menschen in Leitungs- oder Spitzenpositionen sowie
- persönlicher Kontakt vermischt mit kritischer Solidarität.

Coaching ist vor allem dann sinnvoll, wenn man eine neutrale und unparteiische Reflexion von außen benötigt. Schon dadurch wird deutlich, dass der Coach nur effektiv sein kann, wenn er nicht in einem Abhängigkeitsverhältnis zum „Kunden" steht. Der Coach sollte auch nicht im Betrieb des Auftraggebers eingebunden sein. Er ist eher ein „Ratgeber auf Abruf". Gleichzeitig wird vom Coach jedoch auch ein Mindestmaß an Loyalität dem zu Beratenden gegenüber erwartet.

Zwischen Coaching und Einzelsupervision haben wir es mit fließenden Grenzen zu tun. Auch um den missverständlichen Begriff Supervision zu vermeiden, spricht man im Bereich von Wirtschaft, Verwaltung, Politik und Sport eher von Coaching als von Supervision. Welches sind darüber hinaus die Unterschiede zwischen Supervision und Coaching? Der aktuelle Stand der Fachdiskussion ist folgender: Im Grunde genommen lässt sich keine klare Grenze zwischen Supervision und Coaching ziehen. Denn konzeptionell gibt es im Coaching nichts, was Supervisorinnen und Supervisoren nicht auch wissen und können sollten (Weigand 2000, S. 4). Diese konzeptionelle Nähe soll jedoch nicht über die praktischen Unterschiede hinwegtäuschen. Supervision kommt aus den helfenden Berufen und hatte sich hundert Jahre lang nicht mit dem Wirtschaftsbereich beschäftigt. Im Gegensatz zur Supervision hat das Coaching wissenschaftliche Bezüge zur Personalentwicklung (betriebswirtschaftliche Managementlehre). In praktischer Hinsicht stellt das Coaching eine „Dialogform über Freud und Leid im Beruf" dar (Schreyögg 1995). Auch weil in den Wirtschaftsberufen bestimmte Charaktereigenschaften wie Machtbewusstsein, Effizienzdenken und ein höheres psychisches Abwehr- und Verleugnungspotenzial erforderlich sind, ist ein anderer, eher indirekter Umgang mit psychologischem Wissen angesagt.

Ein neu eingestellter Geschäftsführer einer Möbelfabrik stieß bei seinen Versuchen, das Betriebsgeschehen effizienter zu gestalten, immer wieder auf die Ablehnung mehrerer Angehöriger der Eignerfamilie. Erst im Coaching konnte er verstehen lernen, dass er die persönlichen Beziehungen und Rivalitäten zwischen den Geschwistern, welchen die Firma gehörte, einfach zu wenig verstanden hatte. Er dachte nur „zweckrational"; es fehlte ihm einfach an psychologischem Wissen und Fantasie darüber, dass erwachsene Menschen ihre Geschwisterrivalitäten noch über die Leitung eines Unternehmens austragen könnten.

Welche Bedingungen müssen erfüllt sein, damit Coaching Erfolg versprechend ist? Für Coaching gelten ähnliche Anforderungen wie für die Supervision. Die Beratung sollte freiwillig sein und sich konkret auf die Arbeitsprobleme beziehen. Wichtig ist auch, dass mögliche klare Ziele und eine überschaubare Zeitdauer bzw. Anzahl von Stunden vereinbart werden. Der Wunsch nach Coaching darf nicht mit Schwäche der Führungsperson verwechselt werden. Einige international agierende Unternehmen umgehen dieses Problem damit, dass sie ihren Leitungspersonen automatisch ein bestimmtes Quantum an Coachingstunden finanzieren und nicht nachprüfen, ob diese auch wahrgenommen werden. Nachstehend stelle ich zwei Formen betriebsinterner Mitarbeiterführung dar, die auch Ähnlichkeiten zur Supervision aufweisen bzw. von der Supervision gut profitieren können.

3.12 Counselling: Mitarbeiter einführen

Beim Counselling geht es darum, dass Führungskräfte ihre Erfahrungen durch persönliche und fachliche Beratung den Mitarbeitern zur Verfügung stellen sollten. Der Vorgesetzte nimmt dann auch Funktionen als Vorbild, Lehrer und Coach für seine Mitarbeiter wahr. Denn häufig stoßen Mitarbeiter an ihre Grenzen und wissen nicht mehr weiter. Im Idealfall verfügt dann der jeweilige Vorgesetzte auch über die notwendigen sozialen Kompetenzen und den Vertrauensvorschuss, dass er als Helfer und Berater seiner Untergebenen auch tatsächlich nachgefragt wird. Es findet dann ein *Mitarbeitergespräch* statt. Hier sollen die jeweiligen Sichtweisen des Problems offen erörtert werden können. Oft ist es besser, wenn der Vorgesetzte als Counsellor dabei auf Werturteile, Ratschläge oder konkrete Lösungshinweise verzichtet. Sein Ziel sollte es sein, den Mitarbeiter zu befähigen, an seinen eigenen Erfahrungen zu partizipieren und ihm zu helfen, sein Potenzial an Selbstreflexion und Selbstverantwortung zu erhöhen. Counselling kann jedoch nur funktionieren, wenn es abgekoppelt ist von Themen, die mit Bewertung, „Seilschaften" und Karrierevorstellungen zu tun haben. Der Mitarbeiter müsste also großes Vertrauen in den Vorgesetzten setzen und auch nicht befürchten, dass, wenn er Schwächen zeigt, diese nachteilig für seine Karriere sind. Umgekehrt darf der Counsellor seine Macht nicht missbrauchen und vertrauliche Informationen nicht für seine persönlichen Zwecke nutzen bzw. weitergeben. Schon diese komplexen Bedingungen zeigen, dass Counselling eigentlich in der Praxis selten funktionieren kann oder oft eher an der Oberfläche des Geschehens, also auf der Ebene rein technischer Ratschläge, bleibt.

3.13 Mentoring: Jüngere Kollegen unterstützen

Diese Nachteile des Counselling möchte das Mentoring vermeiden. Deshalb hat man mit dem Mentoring (*Partnerschaft*) eine institutionalisierte innerbetriebliche Einarbeitung, Beratung und Führung für jüngere Kollegen durch erfahrene ältere Mitarbeiter geschaffen. Der Mentor gibt dem jüngeren Mitarbeiter wichtige Kenntnisse und Erfahrungen innerbetrieblicher Art bzw. hinsichtlich der Lieferanten und Kunden weiter. Nicht selten werden Mentoren mit Hilfe eines innerbetrieblichen Konzeptes in speziellen Trainings auf ihre Aufgabe vorbereitet. Solche Mentorenprogramme sind dann Instrumente für die Nachfolge- bzw. Karriereplanung oder auch zur Organisationsentwicklung. Die Gefahren des Mentoring liegen darin, dass der ältere Mitarbeiter versuchen könnte, einen „Kronprinzen“ aufzubauen oder eine „Seilschaft“ zu errichten. Umgekehrt kann der betreute Mitarbeiter zu abhängig werden und zu wenig Selbstverantwortung übernehmen.

3.14 Regelsupervision

Wie schon angedeutet, gehört die Supervision in vielen Einrichtungen des Sozial- und Gesundheitswesens zum normalen Standard der beruflichen Weiterbildung. Auf die gesetzliche Verpflichtung zur Supervision nach dem Psychotherapiegesetz oder der Psychiatrie-Personalverordnung wurde schon hingewiesen. Fachleute wissen, welchen großen Einfluss oder Schaden eine „richtige“ oder „falsche“ Einschätzung der Beziehungsarbeit mit Klienten haben kann. Deshalb wird auch nach dem Kinder- und Jugendhilfegesetz für die Familienhilfe oder die Erziehungsberatung eine Teamreflexion bzw. eine Supervision empfohlen (KJHG § 72, Absatz 3). Die regelmäßige Supervision (oder *Regelsupervision*) gehört somit zum Standard hochprofessioneller psychosozialer Einrichtungen. Immer häufiger werben die Träger psychosozialer Dienstleistungen sogar in den Stellenanzeigen mit ihrem supervisorischen Weiterbildungsangebot. Allerdings wird dann auch erwartet, dass man an der Supervision teilnimmt.

3.15 Krisen bewältigen

In diesem Abschnitt geht es nur um diejenigen Krisen, die sich im beruflichen Bereich auswirken, eventuell sogar dort entstanden sind. Unter den im Arbeitsbereich häufig auftauchenden Krisen versteht man Veränderungen und Verunsicherungen von Einzelpersonen sowie ihren Bezugssystemen. Diese Krisen haben oft verschiedene Ursachen: Wandel der wirtschaftlichen oder betrieblichen Bedingungen, geänderte private oder berufliche Beziehungen oder gesundheitliche Gründe. Nicht selten handelt es sich um „akkumulierte Krisen“ wie *kritische Lebensereignisse*, Geburt, Partner- oder Bezugsgruppenwechsel, Krankheit, Sucht, Verrentung, Unfall oder Tod.

Viele Hintergründe dieser Krisen kann man mit Hilfe supervisorischer oder ähnlicher Hilfen kaum beeinflussen. Allerdings ist es oft möglich, durch Supervision derartige Krisen rechtzeitig zu erkennen, verständlich zu machen und zu lindern. Die Krisenintervention durch Supervision fragt als Erstes danach, wie man Krisen rechtzeitig erkennen kann. Folgende *Warnsignale* können auf Krisen hinweisen: Kontakt- und Beziehungsveränderungen, Strukturverlust im Alltag (häufiges Zuspätkommen, Vergessen, Chaos), psychosomatische Beschwerden, Suchtverhalten, psychotische Symptome (extreme Gedanken und Gefühle, Verfolgungsideen) oder Suizidgedanken bzw. Suizidversuche (Belardi 1996, S. 83). Wie sollte man sich in einer Krise verhalten? Da die Betroffenen oft emotional aufgewühlt sind, ist es meistens sinnvoll, sie erst einmal ihre Gefühle ausdrücken zu lassen. Dabei sollte man

- einerseits den Kontakt zu ihnen halten, also *emotional dabei sein*, und
- andererseits sich jedoch auch nicht zu sehr in das Geschehen hineinziehen lassen, also auf eine *innere Distanzierung* achten und keinesfalls denken, man müsste das Problem lösen.

Denn es ist besser, in der Krise vorschnelle Lösungen oder gar Be- und Verurteilungen zu vermeiden. Wichtiger ist es, denjenigen, der sich in der Krise befindet, auszuhalten, seine Ressourcen herauszufinden, ihm konkrete Hilfen und Beruhigung anzubieten. Bei der Gefahr von Selbstschädigung ist es manchmal allerdings wichtig, auch notwendige Grenzen zu setzen (Belardi 1996, S. 84).

Ein einfaches Beispiel vorbeugender Krisenbewältigung kommt als *Mobilitätsberatung* aus den USA:

In den Vereinigten Staaten, dem Land mit der weltweit höchsten Mobilität, hat man inzwischen für Führungskräfte, die wegen ihrer wechselnden Arbeitsplätze auch ständig ihren Lebensort und ihre Bezugsgruppen verändern müssen, psychologisch orientierte Unterstützungssysteme geschaffen. Das „Employee Assistant Program“ wird von großen US-Firmen gefördert. Man hatte die Erfahrung gemacht, dass es humaner und finanziell günstiger ist, wenn man Leitungskräften auch im Ausland Hilfen anbietet, um mit den beruflichen und familiären Probleme besser zurechtzukommen. Diese gelten nicht nur für die neuen Herausforderungen in der Arbeit, sondern auch für die Familie; etwa um Ehekrisen zu vermeiden oder die Anpassung der Kinder an ein neues Schulsystem zu erleichtern. Dabei handelt es sich um eine inzwischen über Internet und Fachverbände von Psychologen und Supervisoren global angebotene Form der (präventiven) Krisensupervision.

3.16 Gefahr der Emotionalisierung von Arbeit

Arbeit hat für unsere psychische und soziale Identität und damit für unsere Selbstwertgefühle eine enorme Bedeutung. Arbeit darf jedoch nicht „überwertig" sein. Wenn man alle Selbstwertgefühle aus der Arbeit bezieht und im privaten Bereich über zu wenig Ressourcen verfügt, so wird man leicht anfällig für Zumutungen und Krisen in der Arbeit.

Auf der anderen Seite ist eine *hohe emotionale Besetzung* der Arbeit natürlich gerade in einer Dienstleistungsgesellschaft wichtig, weil nur mit Identifikation und Engagement gute Ergebnisse zustande kommen. Gleichzeitig erhöht diese Haltung jedoch auch die Anfälligkeit und emotionale Verwundbarkeit des Einzelnen durch diese Arbeit. Ein sachliches und zweckrationales Verhältnis zur Arbeit, die lebenswichtige Trennung von Beruf und Privatleben, sind dann schwer möglich. Das ist vor allem der Fall, wenn die privaten Beziehungen unterentwickelt sind und wenn das Selbstwertgefühl zu sehr auf (äußere) Erfolge in der Arbeit ausgerichtet ist.

In den Medien wird oft – auch auf dem Hintergrund von wissenschaftlichen Untersuchungen – berichtet, dass Mitarbeiter und Führungskräfte von Organisationen aufgrund von Stress, Konkurrenz und Existenzproblemen am Arbeitsplatz erhebliche Ängste entwickeln. Diese Menschen fürchten um ihren Arbeitsplatz, um ihre Privilegien. Sie haben Angst davor, umgesetzt zu werden oder umziehen zu müssen (Schreyögg 2000). Auch hier können verschiedene mit der Supervision verbundene Beratungsverfahren hilfreich sein. Dazu gehören Weiterbildung, Personalentwicklung, Coaching, Outplacing,

Mobilitätsberatung oder Krisenmanagement. Diese Maßnahmen helfen eventuell, das gefährdete Gleichgewicht zwischen starkem persönlichen Engagement und Überforderung bei der Arbeit in der richtigen Balance zu halten.

3.17 Burn-out vermeiden

Oftmals jedoch misslingt diese Balance; dann kommt es zu Krisen. Eine spezielle Form der Krise ist das *Burn-out*, also ein berufliches „Ausbrennen“. Schon im Jahre 1974 prägte der amerikanische Psychoanalytiker Freudenberger diesen Begriff; damit meint er:

- Überforderung,
- zu hohe Ansprüche,
- zu geringe Anerkennung,
- zu wenig Ausgleich im Privatleben und/oder
- Überbewertung der Arbeit.

In den Folgejahren hat man diesen Begriff im deutschen Sprachraum übernommen und auf Angehörige pädagogischer, sozialer, gesundheitlicher und pflegerischer Berufe ausgeweitet. Inzwischen haben wir es mit einer unüberschaubaren Anzahl von Publikationen auf diesem Sektor zu tun.

Beim *Burn-out* kann es zu einer phasenartigen Entwicklung kommen:

1. Anfangsphase (besonders bei Berufsanfängern): hohes Engagement, Idealismus;
2. reduziertes Engagement für Betroffene, Klienten, Kunden, Kolleginnen sowie die Arbeit insgesamt;
3. Pragmatismus, Stagnation und Überdruss den Betroffenen, Klienten oder Kunden gegenüber;
4. emotionale Reaktionen wie Schuldzuweisung, Depression, Aggression;
5. Abbau körperlicher und geistiger Kräfte; Apathie und Verzweiflung;
6. weitere Verflachung der Gefühle;
7. psychosomatische Reaktionen;
8. Verzweiflung, Krise, Zusammenbruch

(Bermejo/Muthny 1994, S. 27).

Dieser absteigende Verlauf muss natürlich nicht schematisch vonstatten gehen. Während man bei *allen* Berufstätigen annimmt, dass mindestens ein Zehntel in diesem Sinne „berufsmüde“ ist, so gilt als sicher, dass in den helfenden Berufen diese Quote noch höher liegt, da man auch in der Arbeit als Person mit seinen Beziehungen und Gefühlen stärker gefordert wird. Dem *Burn-out* kann man nach Meinung einer Forschergruppe in *zweierlei Hinsicht* vorbeugen: Man muss das richtige Verhältnis von *Nähe und Distanz* finden und die Interessen klarstellen sowie die Rückzugskultur überwinden, um eine möglichst *angstfreie Kommunikation* zu schaffen (Marquard u.a. 1993, S. 230).

Welche praktischen Schritte sind möglich, um auf Burn-out-Syndrome angemessen zu reagieren?

- Anerkennungsgespräche mit einem Mitarbeiter;
- Gehaltsgespräche, um das Gehalt mit der Leistung zu koppeln;
- neue Zielvereinbarung treffen;
- Weiterbildung und Teamentwicklung fördern;
- Coaching oder Supervision ermöglichen.

3.18 Helfersyndrom abbauen

Vor allem bei den Angehörigen der helfenden Berufe kann eine überzogene persönliche Anspruchshaltung die Ursache von Burn-out sein. Seit mehreren Jahrzehnten verfügen wir über Hinweise, dass vor allem in den helfenden Berufen nicht wenige Menschen mit altruistischen, also selbstlosen Motiven sowie dem Wunsch nach menschlicher Nähe und Selbstverwirklichung durch die Arbeit anzutreffen sind. Dabei handelt es sich einerseits um einen großen Vorteil. Denn diese Einstellungen sind einerseits wichtige, möglicherweise noch weiter zu entwickelnde berufliche Kompetenzen. Allerdings stellen sie andererseits durch ihre Einseitigkeit gleichzeitig eine Gefahr dar. Wenn die *Grenze* zwischen Privatem und Beruflichem, etwa zwischen Pflegerin und älteren Menschen, nicht eingehalten werden kann, kommt es zu Überlastungen, Gefährdungen und Krisen.

Deswegen befindet sich das Personal gerade in den psychosozialen Berufen häufig in einer *paradoxen Situation.* „Die Arbeit im psychosozialen Bereich erfordert auf der einen Seite professionelles Handeln, mit einem gewissen Maß an Objektivität und Instrumentalisierung des Kontaktes, andererseits aber auch ein persönliches, z. T. intimes Verhältnis, das eher einer familiären Beziehung gleicht und in dem eine emotionale Beziehung aufgebaut werden muss" (Bermejo/Muthny 1994, S. 29).

Die nachstehend genannten Persönlichkeitsfaktoren werden in der Fachliteratur als problematische Eigenschaften genannt:

- labiles Selbstwertgefühl,
- Sucht nach Zuwendung, aber auch deren Verleugnung,
- unrealistische Lebens- und Handlungsmöglichkeiten,
- Unfähigkeit, eigene Grenzen zu erkennen,
- Unvermögen, anderen eine Grenze zu setzen

(Bermejo/Muthny 1994, S. 29).

In dieser Studie wurde auch darauf hingewiesen, dass mit 47 Prozent knapp die Hälfte der Befragten zur Gruppe der „Burn-out-Gefährdeten" gehöre. Denn „ihre hohen Belastungswerte, die große Zufriedenheit und ihr junges Alter lassen vermuten, dass es sich hierbei um engagierte Mitarbeiter handelt, die noch voller Tatendrang sind" (Bermejo/Muthny 1994, S. 154).

Spätestens seit der wegweisenden Veröffentlichung von Wolfgang Schmidbauer über „Die hilflosen Helfer" (1977) wissen wir, dass scheinbar selbstlose Hilfe auch kritisch gesehen werden sollte. Was erhoffen sich die Helferinnen und Helfer, wenn sie sich jahrelang über ihre Kräfte aufopfern? Möchten sie durch machtvolle Helferhaltungen ihr eigenes Selbstwertgefühl auf Kosten der Bedürftigen stabilisieren? Warum ist es für ihr Leben so wichtig, von anderen „gebraucht" zu werden?

„Die innere Situation des Menschen mit dem Helfersyndrom lässt sich in einem Bild beschreiben: ein verwahrlostes, hungriges Baby hinter einer prächtigen, starken Fassade" (Schmidbauer 1977, S. 15). Das Ganze entbehrt nicht der Tragik. Denn statt die Wertschätzung auf sich selber zu richten, organisieren diese unglücklichen Helfer den anderen zum Zentrum ihrer Zuwendungen, in der vergeblichen Hoffnung, dadurch die fehlende emotionale Nahrung, die sie als Kind vergeblich gewünscht hatten, zu erhalten. Diese Helfer agieren privatfamiliär, allerdings in einem beruflich-sachlichen Handlungsrahmen. Aber nicht nur in Sozialarbeit und Pflege, sondern auch in anderen Fachgebieten scheinen derartige Haltungen vorzukommen. „Gefragt nach ihren Motiven, das Studienfach Psychologie zu wählen, nennen viele Studierende: ‚Weil ich anderen helfen will' " (Psychologie heute 2/1996, S. 18).

3.19 Mobbing verhindern

Gerade hilflose und ausgebrannte Helfer, aber auch ehrgeizige Aufsteiger können leicht zu Mobbing-Opfern werden. Unter *Mobbing* versteht man die mehr oder minder bewusste Beschädigung des Ansehens oder der Persönlichkeit eines Mitarbeiters mit dem direkten oder indirekten Ziel, dass dieser den Arbeitsplatz aufgibt oder verliert. Krisen enden oft in Mobbing-Vorfällen, wie umgekehrt Mobbing am Beginn von Krisen am Arbeitsplatz stehen kann. Aus dem Bereich des Gesundheitswesens ist folgendes Beispiel bekannt:

„Froner hat 1994 zwei Krankenschwestern in einem Pflegeheim beobachtet. Die eine zeigte sich dickfellig und brüsk im Umgang mit den Patienten – manchmal wirkte sie fast ein wenig grausam. Die andere war freundlich und zugewandt. Aber die Erste erhielt positivere Zensuren von den Ordensschwestern, weil sie immer den Anweisungen folgte und die ihr zugewiesenen Aufgaben pünktlich erledigte. Die zugewandte Schwester war langsamer und umging manchmal die Regeln, um einzelnen Patienten zu helfen. Das Ergebnis war, dass die zugewandte Schwester oftmals in Schwierigkeiten geriet. Ihre Bewertung durch die Vorgesetzten fiel wesentlich schlechter aus" (Cherniss 1999, S. 54).

Am Anfang von Mobbing existiert oft eine „wilde Gruppendynamik" innerhalb des Betriebes oder einer Abteilung.

Eine Person fällt auf, weil sie außergewöhnliche Eigenschaften hat oder ungewöhnliche Verhaltensweisen an den

Tag legt. Es ist möglich, dass sie arbeitsmäßig überlastet ist. Diese Person kann nun zum Objekt der Projektionen und Aggressionen der Mitarbeiter werden. Auf die Aggressionen reagiert sie unangemessen, z.B. mit Gegenaggressionen oder Rückzug. Entsprechend reagiert die andere Seite. So kommt es zu einem Prozess, der sich wechselseitig „hochschaukelt". Am Ende gibt es auch keine Einigung darüber, wer wann und womit „angefangen" hat. Gegenseitige Vorwürfe und negative Ereignisse stehen sich unversöhnlich gegenüber.

Wie kann man Mobbing verhindern?

- Wenn jemand in eine Außenseiterposition gerät, muss das thematisiert werden.
- Das Betriebsklima ist immer verbesserungswürdig.
- Die interne Kommunikation ist zu optimieren.

3.20 Supervision und Mediation

Seit den Neunzigerjahren sind auch bei uns Formen der Mediation als Vermittlungsmöglichkeiten bei Konflikten unterschiedlicher Art bekannt geworden. Mediation kann angewendet werden bei Konflikten zwischen Personen, beispielsweise nach Straftaten in Form des „Täter-Opfer-Ausgleichs". Häufig kommt die Mediation bei Trennungs- und Scheidungsfragen vor, etwa um das Sorgerecht für die Kinder zu regeln. Auch im Grenzbereich zwischen Politik und Ökonomie wird die Mediation praktiziert. Bekannt geworden sind die Einigungsversuche um den Ausbau des Frankfurter Flughafens. Mediation wird auch als eine Form des Konfliktmanagements zwischen Unternehmen angewendet. Mediation ist nicht identisch mit Supervision. Ähnlich wie die Supervision handelt es sich bei der Mediation auch um eine Zusatzqualifikation im Beratungs- und Beziehungsbereich. Methodisch gibt es viele Ähnlichkeiten, wie beispielsweise die Prozessorientierung und die Neutralität des Beraters.

3.21 Containing: Belastungen abnehmen

Auch im Beruf wird man oft mit Situationen konfrontiert, die eigentlich hoffnungslos sind: beispielsweise die lebensbedrohliche Erkrankung eines Familienmitgliedes, eines Kollegen, die Auflösung der Abteilung oder gar Schließung des Betriebes und Verlust des Arbeitsplatzes. Selbst wenn man mit Hilfe der Supervision viele dieser Probleme nicht löst, so kann Supervision trotzdem hilfreich sein. Supervisoren können nämlich auch eine *Projektionsfläche* für die „positiven" und „negativen" Gefühle oder Fantasien sein, die aus der Welt der Klientel in die Psyche der Supervisanden eindringen und diese belasten.

Viele Klienten der Sozialen Arbeit werden aus politischen, administrativen, personellen und auch finanziellen Gründen leider nur unzulänglich versorgt. In einer Einrichtung des betreuten Wohnens leben fünf Kinder zwischen 3 und 17 Jahren. Sie kommen aus einem Kriegsgebiet. Beide Eltern sind tot. Diesen Kindern wurden seitens der Jugendhilfe zwei Betreuerstellen zugewiesen. Aufgrund der ungünstigen Arbeitsbedingungen (ABM-Stelle, Stundenverträge, Wechselschicht) kam es innerhalb eines Jahres zu mehrfachem Personalwechsel. Jetzt sind ein jüngerer Erzieher und eine 35-jährige Erzieherin für diese „Restfamilie" zuständig. Die depressive Stimmung und das Misstrauen den Betreuern gegenüber führen diese immer wieder an den Rand ihrer Kräfte. Die für sie zuständige Supervisorin kennt die Restfamilie inzwischen (indirekt) ebenfalls gut. Lange Zeit bestand ein Großteil ihrer Arbeit darin, wie eine „gute, nährende Mutter" alles Leid, das von den Heranwachsenden „in" die Erzieher gelangte, „aufzunehmen" und buchstäblich „mitzunehmen", um die Erzieher zu entlasten.

Idealerweise sollten Supervisoren in solchen Fällen wie ein emotionaler „Container" wirken, der Bedürfnisse aufnimmt und sie befriedigt. Dabei kann der supervisorische Dialog auch eine „tröstende" Funktion haben: etwa indem einfach vermittelt wird, dass „gute Arbeit" geleistet worden ist.

Das Schicksal des Haftinsassen, der sich trotz persönlicher Betreuung das Leben nimmt; der junge AIDS-Kranke, der gerade gestorben ist, oder andere „Grenzsituationen" können die helfenden Sozialarbeiter auch an die „Grenze" ihrer Kraft bringen und große Bedürftigkeit und Pessimismus deutlich werden lassen.

Zur „Container-Funktion“ der Supervision gehört es auch, diese tiefen Sinnfragen, Bedürftigkeiten und existenziellen Grenzen zu verstehen, anzusprechen und sozusagen „mitzunehmen“, um die Supervisanden zu entlasten (Lazar 1994). In der Supervision ist es dann wichtig, das einfach „auszuhalten“. Wenn die unmittelbar Betroffenen ihre „Geschichten“ in der Supervision „loswerden“ können, sind diese eigentlich „weg“, auch wenn das ursprüngliche Problem nicht gelöst ist. Denn das ist möglicherweise unlösbar. Lösbar ist jedoch die Entlastung der Betroffenen durch Supervision, einfach durch Zuhören und Aushalten.

3.22 Supervision ermöglicht Psychohygiene

Schon im Jahre 1975 hat die inzwischen historische „Psychiatrie-Enquete“ festgestellt: „Etwa jeder dritte Bundesbürger hat bereits einmal in seinem Leben irgendeine psychiatrische Krankheit durchgemacht oder leidet noch daran“ (Deutscher Bundestag 1975, S. 7). Mehrere Folgeuntersuchungen bestätigten diesen Sachverhalt. Beispielsweise hat eine Befragung des Max-Planck-Instituts der T. U. Dresden im Jahre 2000 ergeben, dass 20% der 18–65-jährigen Deutschen unter psychischen Störungen leiden, die behandelt werden sollten. Das bedeutet bezogen auf die Arbeitsfähigkeit, dass die Betroffenen aufgrund psychischer Probleme im Durchschnitt ein bis zwei Tage vom Arbeitsplatz fernbleiben (Frankfurter Rundschau, 18.11.2000).

Fünf Prozent der Bevölkerung sind dringend behandlungsbedürftig. Aber nur 0,2 % erhalten tatsächlich psychotherapeutische bzw. psychiatrische Hilfe, teilweise erst nach einer siebenjährigen „Patientenkarriere“ (Meyer u.a. 1991, S. 17). Diese Angaben verdeutlichen, wie notwendig Psychohygiene ist. Psychohygiene (*mental health*) meint allgemein Maßnahmen zur Erhaltung seelischer, geistiger und körperlicher Gesundheit der Bevölkerung. In jüngster Zeit wird dieser Begriff auch auf präventive und fördernde Maßnahmen für berufliche Zusammenhänge angewendet. Zur Psychohygiene gehören demnach Verbesserungen der Arbeitsbedingungen, wechselseitige Unterstützung, stabile Beziehungen im privaten Bereich, Entlastung durch sinnvolle Freizeitaktivitäten, Weiterbildung – und auch Supervision.

Untersuchen wir diese Ergebnisse einmal bezüglich einer speziellen Berufsgruppe. Wie steht es um die Psychohygiene der Lehrer?

Je nach Untersuchung gehen

- 5–30% der Lehrer mit 65 Jahren in Pension,
- 31–56% scheiden vorher wegen Dienstunfähigkeit aus,
- die Übrigen gehen mit 63 Jahren vorzeitig in den Ruhestand.

Welche Merkmale haben psychisch labile oder psychisch erkrankte Lehrer? Sie sind

- häufiger geschieden,
- öfter allein lebend,
- hatten zu Berufsbeginn vermehrt idealistische Motive

(Psychologie heute 2/2000, S. 9).

IV. Supervision als Prozess

Gegenstand dieses Kapitels ist ein idealtypischer Supervisionsprozess, der vom Erstkontakt bis zum Abschlussgespräch reicht. Dabei gilt die Darstellung sowohl für den Profit- als auch für den Non-Profit-Bereich. Als Erstes müssen Besonderheiten des Beratungsverständnisses bei der Supervision geklärt werden.

1. Welchen Beratungsansatz hat die Supervision?

Bevor man mit einer Beratung beginnt, sollte man sich über sein Menschenbild und seine ethischen Grundsätze sowie die davon abgeleiteten Überlegungen und Strategien im Klaren sein. Denn daraus entwickeln sich, mehr oder weniger unausgesprochen, die jeweiligen Vorstellungen von Beratung. (Die verschiedenen Theorien zur Beratung bzw. Supervision werden hier vernachlässigt, denn im letzten Kapitel wird darauf eingegangen werden.) Vereinfacht gesagt, kennen wir *drei Modelle* von Beratung:

1. Beratung wird verstanden als *Kauf von Expertenwissen* bzw. *Beschaffung von Informationen*: Der Klient weiß um das Problem, hat eigentlich nur eine Unklarheit, die er in Fragen formulieren kann. Deshalb sucht er sich eine Fachperson als Berater. Diese teilt ihm die Lösung mit. Danach wendet der Klient die Lösung erfolgreich an. Es leuchtet ein, dass dieser Ansatz nur bei ziemlich einfachen Sachverhalten funktioniert.
2. Auch die zweite uns allen geläufige Beratungsvorstellung folgt einfachen linearen Gedankengängen; es handelt sich um das so genannte *Arzt-Patient-Modell*: Hier kennt der Rat Suchende sein Problem nicht genau. Er nennt dem Helfer seine Schwierigkeiten (Symptome) und delegiert damit gleichzeitig Verantwortung und Handeln an den Helfer. Der Helfer ist bei diesem Modell nicht nur für die „richtige" Diagnose, sondern auch für eine erfolgreiche Therapie verantwortlich. Das Problem wird also vom Helfer ohne Zutun des Klienten, oft auch ohne genaues Wissen und ohne Beteiligung des Klienten, gelöst (Schein 1988, S. 5 ff.).
3. Supervision hätte bei diesen beiden Modellen keinen Sinn. Fehlende Informationen kann man sich heutzutage auf elektronischem Wege, Symptomlinderung durch ein Rezept beschaffen. Supervision ist für komplizierte kommunikative Arbeitsprobleme entwickelt worden. Deswegen folgt das *Prozess-Beratungs-Modell* einem völlig anderen Verständnis von sozialen Problemen und deren Lösung. Der Klient „besitzt" und „behält" das Problem und wird es während des gesamten Prozesses behalten (Schein 1987, S. 29). Der Berater hilft dem Klienten lediglich, sein Problem zu erkennen, damit dieser es selber lösen kann. Das geschieht eventuell auch, indem der Klient seine Sichtweise bzw. sein Verhalten verändert. Dabei hat der Berater die professionelle Verantwortlichkeit für den Verlauf der Beratung, nicht jedoch für die Inhalte und Ergebnisse des Beratungsprozesses.

Erfolgreiche Supervision kann nur unter den Bedingungen dieses *Prozess-Beratungs-Modells* funktionieren. Denn es geht nicht um die Umsetzung von technischen Vorschlägen oder das Verabreichen von Rezepten, sondern um die weitaus kompliziertere Beeinflussung von menschlichen Verhaltensweisen ohne Manipulation. Sogar die Beeinflussung von Menschen, die gar nicht am Prozess der Supervision teilnehmen, soll ermöglicht werden. Das alles erfordert nicht nur eine entsprechende distanzierte Haltung, sondern auch eine spezielle Methodik, die schon beim Erstkontakt und beim Erstgespräch angewendet werden sollte.

In Fachkreisen verwendet man zur Charakterisierung dieser Haltung den Satz „Der Klient besitzt das Problem". Das bedeutet, dass der Klient für sich das Problem erkennen und verändern muss. Prozessorientierte Supervisoren können nur zu dieser Einsicht verhelfen, das Problem jedoch nicht lösen. Dem steht die häufig verbreitete Haltung entgegen, dass man mit Hilfe von „Rezepten" seine Probleme in den „Griff" bekommen könne.

2. Anlässe zur Supervision

Vor allem dort, wo Supervision erstmalig stattfinden soll, ist es wichtig, vor Beginn zu untersuchen, weshalb gerade *jetzt* eine Supervision gewünscht wird. Denn es muss irgendetwas passiert sein, damit zumindest eine Mitarbeiterin oder ein Mitarbeiter die Supervision wünscht. Wenn eine Institution, eine Abteilung oder ein Team erstmalig eine Supervision sucht, dann ist dort schon etwas Besonderes vorgefallen. Es kann sich um ein Problem mit Kunden oder Klienten handeln. Vielleicht haben die teaminternen Auseinandersetzungen zugenommen oder Einflüsse von außen (Reorganisation, Personal- oder Mittelkürzungen) sind ein Anlass. Eventuell war ein Teil des Teams sogar energisch für die Supervision, während ein anderer Teil sich eher reserviert verhielt oder keine Supervision wünschte. Schwierig ist es, wenn die Supervision eventuell als „Strafaktion" von „oben" verordnet wurde. Es kommt auch vor, dass die Leitung einer Einrichtung personelle oder finanzielle Fehlentscheidungen getroffen hat. Nun bekommen die Teams eine Supervision „verordnet", um die gröbsten Folgen dieser Fehler auszubessern. In diesem Falle spricht man von einem „delegierten Leitungsproblem". Die Erfahrung zeigt, dass es am besten ist, wenn zuerst eine klare Aussprache über diese Fremdeinflüsse auf die Supervision stattfinden kann. Ansonsten ist es möglich, dass die Supervisanden die Supervisorin oder den Supervisor als „verlängerten Arm" der Leitung erleben und das Vorhaben kann scheitern. In jedem Fall ist es Aufgabe der Supervisorin, in dieser Anfangsphase über die ihr noch unbekannte Vorgeschichte einige Informationen zu erhalten. Weshalb? Weil die Vorgeschichte der Supervision wesentliche Informationen über die jeweilige Einrichtung, das mögliche Problem und den Prozess der Entscheidung zur Supervision liefern könnte. Der bekannte amerikanische Organisationswissenschaftler Edgar Schein fasst diese Haltung von Beratern dem Rat suchenden System gegenüber mit den folgenden vier Worten zusammen: „Who is the Client?" (Schein 1987, S. 117). Daraus erschließen sich dann die Handlungsstrategien. Denn die Erfahrungen zeigen, dass wichtige Dinge schon passiert sind, *bevor* der Supervisor gerufen wurde. Das *nachfragende System* (Einzelperson, Team, Organisation) musste sich selber als „hilfebedürftig" definieren. Allein das kann eine solche Kränkung sein, dass einige (bewusst oder unbewusst) wünschen und eventuell herbeiführen, dass die Supervision scheitern möge – wenn man sie schon nicht verhindern kann. Im optimalen Falle hat man sich intern auf den Supervisionswunsch geeinigt.

Die Fachleute nennen diese Sammlung und Auswertung von Informationen die *Analyse der Nachfrage*. Diese Untersuchung findet schon vom ersten Briefwechsel oder Telefonat an statt. Sie tritt sozusagen in die „heiße Phase", wenn die Supervisorin zum Erstgespräch eingeladen wird. Ein weiterer Gesichtspunkt zur Nachfrageanalyse ist wichtig: Vor allem bei der Supervision von komplexen Arbeitseinheiten (Team, Organisation) ist es notwendig, dass vorher geklärt wird, *wie* der *Auftrag* an die Beratung lautet. Dabei kann auch interessant sein, *wer wen wie* empfohlen hat und *welche* bewussten oder unbewussten Fantasien damit verbunden sind.

3. Erstgespräch

Das Erstgespräch ist die Situation, in welcher die Analyse der Nachfrage in einen *Dialog* zwischen Supervisor und dem nachfragenden System nach Supervision mündet. Oft reicht dazu die Zeit eines Erstgesprächs nicht aus, so dass weitere Informationen bei den späteren Sitzungen eingeholt werden sollten. Allerdings hat das Erstgespräch noch andere Aufgaben. Der Supervisor benötigt auch handfeste Informationen über das Problem, die Situation sowie die Vorgeschichte. Er sollte auch noch zeigen, *wie* er arbeitet. Deswegen stellt das Erstgespräch auch eine Art *Probesupervision* dar. Aus diesem Grunde bieten manche Supervisoren auch eine kostenlose Probesitzung an. Die Nutzer der Supervision möchten ihrerseits sehen, ob der Supervisor Möglichkeiten zur Lösung des Problems anbieten kann. Es geht weiterhin darum zu erleben, *wer* der Supervisor als Person ist und *wie* er arbeitet. Die Probesupervision sollte auch eine (möglichst gemeinsame) Diagnose der Situation enthalten.

4. Kontrakt

Nicht selten haben die Nachfrager nach Supervision unrealistische Vorstellungen von den Leistungsmöglichkeiten der Supervision. Beispielsweise muss es sich beim anfänglich vorgetragenen Problem nicht immer um die „eigentliche" Problematik handeln. Das „Einstiegsthema" kann mehr oder weniger bewusst vorgeschoben oder zu „Testzwecken" vorgetragen worden sein. Manchmal scheuen sich die Beteiligten auch, die eigentlichen „Knackpunkte" direkt anzusprechen. Wenn das anfängliche Problem nicht mit dem (hinterher festgestellten) „eigentlichen" Problem übereinstimmt, sprechen wir von einem *Einstiegsproblem*. Dann müsste die Supervisorin schon in den ersten Stunden in einem gemeinsamen Prozess das ursprüngliche *Einstiegsproblem* in ein von den Beteiligten akzeptiertes und realisierbares Arbeitsthema umformulieren. Was kann und soll mit dieser Supervision erreicht werden? Am Ende des Erstgesprächs wäre das gemeinsame Ziel festzulegen. Hierbei ist es möglich, dass eine der vielen Varianten (S. 39ff.) der Supervision zur Geltung kommt; beispielsweise statt regelmäßiger Treffen eine Kompaktsupervision oder statt einer Teamsupervision eine Organisationsberatung (S. 97ff.). Auch kann das Ergebnis dieses Erstgesprächs sein, dass statt der Supervision eine Weiterbildung, ein Kommunikationstraining, eine Projektbegleitung oder ein Moderatorentraining (S. 56) stattfindet.

Dem Kontakt folgt beim Erstgespräch idealerweise ein klarer *Kontrakt* (Belardi 1998, S. 200–201). Dieser enthält unter anderem in schriftlicher Form die Anzahl der Sitzungen, Kommunikationsregeln (S. 74f.) sowie die Zusicherung von Anonymität; Rahmenverletzungen (Zuspätkommen, Ausfall von Sitzungen, Nichteinhalten von Vereinbarungen) sind zu thematisieren. Oft handelt es sich um (begründete oder verständliche) Widerstände, die nach einer Klärung fruchtbar sein können.

5. Dreiecksverhandlungen

Bei der Supervision in Organisationen haben wir es meistens mit einem „Dreieckskontrakt" zu tun: Supervisor, Team, Geschäftsleitung. Dabei kann es zu Erfolgs- oder Misserfolgswünschen, verborgenen Zielen und „geheimen Aufträgen" kommen. Wenn Supervisoren diese verstehen und es vermeiden, sich auf „eine Seite" ziehen zu lassen, es ihnen gleichzeitig gelingt, diese Einflussfaktoren in den Prozess zurückzuspeisen, dann haben sie die Chance, etwas zu bewegen. In jedem Falle sind die Modalitäten von Terminen und Finanzen mit der Geschäftsleitung zu klären. Auch die Geschäftsleitung ist darüber zu informieren, dass aus Gründen des Datenschutzes der Supervisor keine Einzelheiten aus der Supervision mitteilen darf. Allerdings hat die Geschäftsleitung das Recht zu erfahren, ob die Supervision stattgefunden und wer daran teilgenommen hat. Auch kann man sie ganz allgemein über die Themen informieren. Im Übrigen empfiehlt es sich, dass der Supervisor bei allen künftigen Gesprächen mit der Geschäftsleitung vorher die Teilnehmer der Supervision informiert oder gar ein Mitglied des Teams daran beteiligt.

6. Der idealtypische Supervisionsprozess

Im Rahmen dieses Buches kann kein umfassender Einblick in den Supervisionsprozess geleistet werden. Allerdings möchte ich einige idealtypische Schwerpunkte benennen.

In der Regel beginnt eine Gruppen- oder Teamsupervisionssitzung mit einer kurzen *Aushandlungsphase* darüber, wer zuerst über was berichtet. In manchen Einrichtungen haben sich die Teilnehmer schon vor Sitzungsbeginn darauf verständigt. Ansonsten fragt der Supervisor und legt eventuell im Einverständnis mit den Teilnehmern eine Reihenfolge der zu besprechenden Themen fest.

In dieser *Aushandlungsphase* kommen häufig offene und verdeckte Anliegen zur Sprache. Zwei, drei oder mehr Themen werden kurz benannt, finden aber vielleicht keinen Anklang. Meistens entwickelt sich dann in einem kreativen Gruppenprozess aus mehreren diffusen Äußerungen und Anliegen plötzlich ein *Kernprozess* heraus. Dieser findet dann spontan das Interesse und die aktive Beteiligung der Gruppenmehrheit. Die Erfahrung zeigt, dass es sich in diesen Fällen um typische gemeinsame und eher unbewusste Themenfindungen einer Gruppe, eines Teams oder einer Institution handelt. Latent vorhandene Spannungen, Bedürfnisse oder Konflikte werden auf diese Weise manifest. Das funktioniert allerdings nur, wenn es dem Supervisor gelingt, den Gruppenprozess nicht zu sehr zu steuern, um gerade durch die Unstrukturiertheit einen Raum für die Artikulation vorbewusster oder unbewusster Anliegen zu schaffen. Jede übermäßige Formalisierung des Supervisionsprozesses behindert die Kreativität. Der Gefühlsbereich würde dann vernachlässigt werden: Man kann nicht mehr „hören", was gefühlt oder gedacht, nicht aber gesagt wurde.

Die Fallabläufe werden in der Fachliteratur unabhängig von der jeweiligen Supervisionsrichtung ähnlich beschrieben. Aus diesem Grunde will ich sie hier nur kurz benennen. Nach der *Aushandlungsphase* sowie der Entscheidung für einen Fall kommt es dann zur *Falldarstellung* durch den *Falleinbringer*. Die übrigen Gruppen- oder Teammitglieder sollten dabei nur kurze Verständnisfragen stellen. Das ist deswegen wichtig, damit diese nicht ihre „eigene Geschichte" an diesen Fall „dranhängen" und auf diese Weise die Kommunikation verwirren. Darüber zu wachen, ist vor allem die Aufgabe des Supervisors. Aus diesem Grunde hält er sich mit Stellungnahmen zurück. Der Supervisor nimmt eine neutrale, eher am Prozess und weniger an den Inhalten orientierte Position der „frei schwebenden Aufmerksamkeit" ein. Es kommt dann zur *Fallbearbeitung* durch die Gruppe. Diese wird umso erfolgreicher, je weniger strukturierend, belehrend oder bewertend das Ganze ist, je mehr die Teilnehmer ihre spontanen Einfälle oder Gefühle zum Fall äußern können. Es folgt die *Rückmeldung* des Falleinbringers darüber, was ihm die Assoziationen und Kommentare der Gruppenmitglieder gebracht haben. Dann kann es zur nächsten Fallbeschreibung kommen.

Vor allem durch die Förderung spontaner Einfälle kommt es in der Mittelphase der Supervisionssitzung zur Freisetzung unbewussten Materials. Zu diesen vor- oder unbewussten Inhalten gelangt man, indem man Fragen stellt, die wegführen von der rein vernunftmäßigen, von Ich-Kontrolle und Sachlichkeit geprägten Ebene. Mit Fragen „Wie ging es Ihnen dabei?" oder „Was haben Sie gefühlt?" lockert man den Realitätsbezug und bringt die Supervisanden dazu, sich auf ihre Affekte und Fantasien einzulassen. Diese wirken wie ein bisher noch unbekannter „Schatz" und ermöglichen die Betrachtung des Geschehens von einer anderen, nicht alltäglichen Warte aus. In der Mittelphase eines Supervisionsberichtes sind sehr wohl auch stärkere Gefühlsäußerungen wie Angst, Wut oder Verzweiflung zulässig, ja manchmal erwünscht und notwendig. Am Ende einer

Fallschilderung sollten dann die rationale Betrachtung des Falles sowie Gedanken zum „nächsten Schritt" stehen.

Ein derartiger (idealer) Ablauf ist nur in einer auf diese Weise geleiteten und gleichzeitig die Spontaneität begünstigenden Gruppenarbeit möglich. Aus diesem Grunde sind – wie schon erwähnt – Bewertungen, Rezepte oder Rechthaberei unpassend. Sie stören das spontane und kreative Klima, welches für erfolgreiche Supervision notwendig ist.

Die Supervisionssitzung endet oft mit einer kurzen Rückmeldung der Gruppenmitglieder, wie das aktuelle Treffen für sie war. Beispielsweise kann man als schnelle Rückmeldung ein *Blitzlicht* erbitten:

1. Jeder Gruppenteilnehmer sagt mit drei möglichst kurzen Sätzen etwas über die eigene *Befindlichkeit*,
2. was man in der vorangegangenen Arbeitseinheit *Neues* erfahren hat und
3. was man sich für die weitere Zusammenarbeit *wünscht*.

Um den Prozess abzuschließen, sind Rückfragen oder Diskussionen des Blitzlichts nicht vorgesehen. Die nächste Gruppensitzung kann mit Rückmeldungen des Falleinbringers beginnen, was er aufgrund der Fallbearbeitung seitdem in der Praxis anders getan, was sich verändert hat.

Nicht jede Gruppen- oder Teamsupervision enthält jedoch ausschließlich Fallschilderungen. Vor allem bei den Teamsupervisionen haben wir es auch mit Fragen der Beziehungen im Team, zur Organisation oder zu externen Instanzen (Klienten, Kunden, benachbarte Einrichtungen) zu tun. Dann kommen noch stärker als bei der Fallarbeit typische gruppendynamische Prozesse in den Vordergrund. Diese sollen hier nicht weiter behandelt werden (S. 94).

7. Didaktik und Methodik der Supervision

Unter den beiden Stichworten „Didaktik" und „Methodik" möchte ich einige idealtypische Vorgehensweisen in der Supervision erläutern. Dabei wird, vereinfacht gesagt, unter „Didaktik" verstanden, *was* aus der Fülle der Möglichkeiten gesagt und getan wird. „Methodik“ meint, *wie* der jeweilige Prozess, also die Schritte zur Vermittlung der Lernziele, vonstatten geht. Hierzu gehören regelmäßige methodische Schritte wie beispielsweise die Eröffnungsrunde oder der Gruppenschluss, die spezielle Vorgehensweise zur Falldarstellung, Rückfragen bei den Gruppen- oder Teammitgliedern darüber, was ihnen während der Fallschilderung aufgefallen ist. Damit bieten diese ritualisierten Verfahrensweisen auch die notwendige Sicherheit, sich auf das eigene Unbewusste einzulassen.

Aber auch bestimmte Fragetechniken, psychodramatische Rollenspiele sowie die gezielte Rückmeldung (*Feed-back*) sind gute methodische Hilfsmittel. Denn das *Feed-back* ist nicht nur in der Supervision, sondern in jeder Form beruflicher und privater Beziehungsarbeit hilfreich. Dabei ist es wichtig, einige Regeln zu beachten. *Feed-back* sollte

- ausführlich, konkret, nicht verletzend und direkt auf eine bestimmte Verhaltensweise oder Äußerung des Gegenübers bezogen sein.
- Dabei ist es hilfreich, wenn darauf hingewiesen wird, dass es sich um eigene Wahrnehmungen, Gefühle oder Meinungen und nicht um etwas „objektiv“ Richtiges handelt.
- Je kürzer, neutraler und freundlicher ein *Feed-back* ist, desto mehr Wirkung hat es.

Für diejenigen, an die das *Feed-back* gerichtet ist, empfiehlt es sich,

- ruhig zuzuhören, sich nicht zu rechtfertigen oder zu verteidigen,
- eigene Gefühle (Freude, Ängste, Befürchtungen) dem anderen mitzuteilen,
- sich zu überlegen, ob man das schon einmal gehört hat.

Was sollte die Supervisorin (und die Gruppenmitglieder als *Co-Supervisoren*) aufgreifen? Grundsätzlich gilt, dass in der Supervision nur das besprochen werden kann, was die Beteiligten selber mit eigenen Mitteln zu verändern oder zumindest zu beeinflussen in der Lage sind. Das wird normalerweise schon bei der Zielformulierung in der ersten Sitzung hervorgehoben, gerät jedoch während des Prozesses zuweilen in Vergessenheit. Die Supervisorin hat also darüber zu wachen, dass sich die *Kommunikation* auf das *Machbare* beschränkt und keine Zeit und Energie auf irreale und unlösbare Dinge verschwendet werden. Die Themen der Supervision sind oftmals emotional hoch geladen. Die Protagonisten stehen unter Druck und leiden häufig unter einem verengten Blickwinkel. So kommt es nicht selten zu polarisierenden Betrachtungen in der Interaktion; sowohl zwischen Helfer und Klient als auch später bei der Reinszenierung in der Supervisionsgruppe.

Autonomie	–	Abhängigkeit
Identifikation	–	Abgrenzung
Nähe	–	Distanz
Geben	–	Nehmen
Konflikt	–	Versöhnung
Freude	–	Angst
Rolle	–	Person

Einerseits sind diese polarisierten Denk- und Handlungsweisen ein Ausdruck allgemeiner menschlicher Ambivalenz. Andererseits zeigen sie in der aktuellen Situation, dass ein erheblicher Druck vorliegt. Die „normale“ Sichtweise ging verloren; die „gesunde Mitte“ ist bedroht. Das kann die Supervisorin erkennen und die Extreme von „richtig“ oder „falsch“ bzw. „Opfer“ oder „Täter“ auflösen. Das ist möglich, indem man beispielsweise auf die Schwierigkeit, solche Stresssituationen zu verarbeiten, hinweist oder eine andere Sichtweise – etwa die des Klienten, Kunden oder Kollegen – einführt. Die Supervisanden müssen dahingehend unterstützt werden, aus diesem bewertenden System zumindest gedanklich auszusteigen, sich von ihrer Verstrickung zu distanzieren, um über neue Denk- und Handlungswege nachzudenken.

Welche Haltung sollte in der Supervision geübt und praktiziert werden? Wie kann man effektiv in der Supervisionsgruppe kommunizieren? Nachstehend habe ich einige seit Jahrzehnten bekannte Erfahrungen zu einem Set von Vorschlägen zusammengestellt:

Falleinbringung: Wer einen Fall vorträgt und befragt wird, hat „Recht“; er ist für die anderen unangreifbar; wenn er trotzdem angegriffen wird, muss nicht er, sondern der Angreifer wegen seines Angriffes hinterfragt werden.

Spiegeleffekt oder Resonanzphänomen: Bleiben wir beim letzten Gedanken. Wenn eine Fallschilderung bei den Zuhörern heftige Affekte (Angst, Abwehr, Aggressionen, Mitleid) auslöst, ist es wichtiger zu untersuchen, woher die Affekte kommen, als den Falleinbringer dafür zu reglementieren. Denn häufig spiegeln die Affekte auf den Fallbericht die Gefühle in der Ursprungssituation. Der Spiegeleffekt sollte ermöglicht werden, weil er auch diagnostisch sehr hilfreich sein kann.

Fragen: Wer fragt, der führt. Keine Suggestivfragen, sondern offene Fragen stellen.

Grundhaltung: positive Absichten unterstellen. Werte und Positionen zeigen, gewährend, freundlich, nicht bewertend.

Gruppenatmosphäre: sich und den anderen Zeit lassen, Pausen zulassen, Uneindeutigkeiten ertragen.

Schutz der Gruppenmitglieder: Alles, was in der Gruppe besprochen wird, bleibt in der Gruppe.

Fallbericht: soll möglichst spontan und nicht mit Hilfe von schriftlichen Materialien vorgetragen werden. Der Supervisor sorgt dafür, dass es nicht zu Unterbrechungen, Bewertungen oder sonstigen störenden Äußerungen kommt.

Sachfragen klären: Rückfragen inhaltlicher Art ohne Kommentierung, beispielsweise nach Daten, Alter, Geschwisterzahl der Problembeteiligten.

Äußere Wahrnehmung: Was ist mir beim Fallbericht aufgefallen? (Keine Rückfragen und Bewertungen der anderen Gruppenmitglieder zulassen).

Innere Wahrnehmung mitteilen: Was hat der Fall in mir ausgelöst, welche Bilder, Gedanken, Assoziationen und Fantasien habe ich danach? (Keine Rückfragen und Bewertungen der anderen Gruppenmitglieder zulassen).

Der Fall im „Spiegel der Gruppe“: Vertiefung, Hypothesen, diagnostische Überlegungen, welche Bedeutung hat die Reaktion der Gruppenmitglieder auf den Fall?

Mut zur Dummheit: Es ist ideal, wenn es gelingt, ein Gruppenklima der verminderten Angst und Kontrolle herbeizuführen, wenn die Teilnehmer auch Dinge sagen, die jenseits der eigenen Ich-Kontrolle sind, und wenn diese Äußerungen von den anderen nicht sanktioniert werden.

Freies Assoziieren: Das meint die Fähigkeit, Gedanken und Fantasien zuzulassen, die eher aus dem Vor- oder Unbewussten kommen, die „Vernunft“ zu reduzieren.

Gruppengrenzen: Die Gruppengrenzen sind nach außen fest, nach innen so offen wie möglich. Notwendige Grenzen und Regelungen für die Praxis aufzeigen und stärken.

Ziele der Supervision: Es können innerhalb der Supervision nur Dinge besprochen werden, die außerhalb mit eigenen Kräften realisierbar scheinen, etwa durch veränderte eigene Sichtweisen oder verändertes eigenes Verhalten.

Persönliche Grenzen: Jeder sagt nur, was er sagen möchte. Niemand wird zu etwas gezwungen.

Sprachregelung: Jeder spricht nur von sich („Ich“ statt „man“ oder „wir“). Es kann nur einer sprechen.

Kreativität nutzen: unbewusste Prozesse zulassen, Bilder, Geschichten, Metaphern und Symbole benutzen. Zukunftsperspektive entwickeln.

Störungen: Störungen (persönlicher, gruppaler, institutioneller Art) haben Vorrang; erst wenn sie beseitigt sind, kann es weitergehen.

Lösungsmöglichkeiten: Sammlung von Ideen, mögliches weiteres Vorgehen, welches ist der nächste Schritt?

Von Fürstenau stammen noch folgende Vorschläge zu *Interventionsweisen* in der Supervision:

1. „Akzeptieren und Bestätigen,
2. Verstärken, Bekräftigen, Ermuntern,
3. Beschreiben, Fokussieren, konfrontierend Hervorheben, Akzentuieren, Modellieren,
4. In-einen-anderen-Rahmen-(Zusammen-)Stellen, Umdeuten, Interpretieren,
5. Eine-Werthaltung-(Position-)Deklarieren.
6. Aufgaben-Stellen; Veranlassen, etwas Bestimmtes zu tun; Fragen“

(Fürstenau 1992, S. 187f.).

8. „Fehler“ in der Supervision

Zum Thema „Fehler“ schreibt ein Klassiker der Supervision, Michael Balint: „Es ist besser, den Arzt erstmals seine Fehler machen zu lassen, ihn vielleicht sogar dazu zu ermutigen, als zu versuchen, ihn daran zu hindern“ (Balint 1965, S. 408). Die Supervision ist kein perfektes Verfahren mit hundertprozentigen „Rezepten“ oder einer „Erfolgsgarantie“. Fehler sind in gewisser Weise „normal“. Denn sie entspringen der menschlichen Unzulänglichkeit aller Beteiligten, dem verständlichen, aber auch irrealen Wunsch nach „perfekten“ Lösungen sowie der Komplexität des Geschehens. Vor allem aber enthalten „Fehler“ – wenn man sie reflektiert – auch Lernmöglichkeiten und sind somit korrigierbar. Voraussetzung ist jedoch, dass offen darüber gesprochen werden kann. Sowohl für den Supervisor als auch für den Supervisanden ergibt sich ein grundsätzliches Problem, welches Schein das „Helfer-Dilemma“ nennt: Es ist der Widerspruch zwischen Rat geben wollen, sagen, was zu tun ist, und den Supervisanden, Klienten oder Kunden seine eigene Lösung herausfinden lassen (Schein 1987, S. 18) – letztlich eine Variante der uralten menschlichen Problematik von Abhängigkeit und Autonomie. Welches sind typische Anfängerfehler in der Supervision?

An erster Stelle sind die *Rahmenfehler* zu nennen: mangelhafte Nachfrageanalyse, die Nichtbeachtung des Umfeldes, Feldunkenntnis, Unwissen oder Missachtung der persönlichen und institutionellen Grenzen. Häufig erweist es sich als Fehler, wenn der Supervisor voreilig dem Problemlösungsdruck des Systems nachgibt. Hier ist es wichtig, nochmals an den bekannten Satz von Edgar Schein zu erinnern: „Der Klient *besitzt* das Problem und wird es während des gesamten Beratungsprozesses behalten“ (Schein 1987, S. 29).

Wenn der Supervisor seine eigenen Projektionen und Übertragungen nicht erkennt, kann er damit den Prozess stören. Er ist dann unter Umständen inflexibel, bringt zu wenig bzw. zu viel Emotionalität in den Prozess, verletzt das Schutzverhalten der Teilnehmer oder legt sich aus Unkenntnis des Feldes und der Situation zu schnell fest. Besserwisserei, Verstrickungen in Machtkämpfe hängen oft mit Unsicherheiten und/oder *Selbstüberschätzungen* der Supervisoren zusammen. Eine häufig auftretende Quelle von Fehlern besteht in der Anwendung von unangemessenen psychologischen Deutungsmustern. Hierzu gehören vorschnelle Interpretationen und Deutungen des Supervisors. Es ist besser, wenn sich die Teilnehmer der Supervision ihre Situation selber deuten (*Selbstdeutungen sind besser als Fremddeutungen*).

Weiterhin kann ein falsches Setting (*„Fallarbeit" statt vorgeschalteter „Beziehungsarbeit"*) ein „Fehler" sein. Unprofessionelles Verhalten des Supervisors stellt auch das Konspirieren mit dem Team gegen die Leitung dar. Ebenso falsch und unethisch ist der umgekehrte Fall: Der Supervisor verbündet sich mit der Leitung gegen das Team.

Damit sind auch die *ethischen Fehler* angesprochen: Supervisoren verfügen beispielsweise nicht über genügend Feldkompetenz und nehmen trotzdem einen Auftrag an, weil sie das Geld benötigen. Gleiches gilt für die Verwendung von Methoden, Verfahren und Techniken, welche allgemeinen humanen Grundsätzen widersprechen (z.B. Suggestivfragen, „wilde" Deutungen). Einseitige Parteinahme, zu enge persönliche Beziehungen oder die Weitergabe von persönlichen Informationen gehören auch in den Katalog ethischer Fehler, die teilweise auch strafrechtlich verfolgt werden.

Fehler in der Supervision können schnell *Krisen* hervorrufen oder vorhandene verstärken. Die Erfahrung zeigt: Krisen in der Beziehungsarbeit zeigen sich am ehesten an den Rahmenbedingungen: Vergessen, Verspätungen, Terminprobleme, fluktuierende Teilnehmerzahlen u.v.a. Deswegen haben, wie schon angesprochen, Rahmenkonflikte „Bearbeitungspräferenz"; sie erweisen sich nach ihrer Klärung häufig sogar als „besonders fruchtbar" (Fürstenau 1992, S. 206f.).

9. Das Supervisionsende

In der Regel sind die meisten Supervisionen erfolgreich (Kapitel VI.). Deshalb endet die Mehrzahl der Supervisionen verabredungsgemäß, weil die Anzahl der Stunden absolviert ist und/oder die finanziellen Mittel erschöpft sind. Einige Stunden vor dem letzten Termin sollte der Supervisor auf das nahende Ende der vereinbarten Supervision hinweisen, um mit der Gruppe bzw. dem Team eine Schlussbilanz vornehmen zu können. Dabei sollte auch nochmals an den Anfang der Supervision gedacht werden. So kann man am besten überprüfen, wie die Ausgangssituation war und wie sich der gemeinsame Lernprozess entwickelt hat. Eventuell wird neu kontraktiert, also eine neue Zusammenarbeit vereinbart.

V. Modalitäten oder Settings der Supervision

Man kann die Supervision nach ihren *Arbeitsweisen*, in der Fachsprache auch *Modalitäten* oder *Settings* genannt, unterscheiden. Diese unterschiedlichen Settings entspringen jahrzehntelangen bewährten praktischen Erfahrungen und Möglichkeiten. Ich beginne die Vorstellung dieser Modalitäten mit der Einzelsupervision. Nach Darstellung der Gruppen- und Teamsupervision kommen dann einige Hinweise zur Veränderung von Organisationen.

1. Formen der Einzelsupervision

Am Anfang der Supervisionsgeschichte stand das *Zwei-Personen-Setting* der Einzelsupervision (auch dyadische Supervision genannt). In einem erweiterten Sinne kann man neben dem Coaching auch die in der Erwerbswirtschaft gebräuchlichen betriebsinternen Beratungsformen Counselling oder Mentoring noch dazuzählen. Die klassische Einzelsupervision kommt – abgesehen von der Ausbildungssupervision – vor allem dort vor, wo eine einzelne Person ihre Arbeit, eventuell auch ohne Wissen der Kollegen, reflektieren möchte. Welche Vorteile hat die Supervision im Zweiersetting? Es leuchtet ein, dass diese Supervision vor allem in selbstreflexiver Hinsicht am intensivsten sein kann. Hier erfährt man im Idealfalle im Schutze der Anonymität am meisten über die eigenen Stärken und Schwächen bzw. Grenzen und Chancen in der Arbeit mit anderen Menschen. Dabei kann man auch an Themen geraten, die eigentlich in den Bereich der Psychotherapie gehören. Dann sollte der Supervisor den persönlichen Bereich so ausklammern, dass die Supervision auf der Arbeitsebene gehalten werden kann. Dem Vorteil der intensiven Selbsterkenntnis in der Einzelsupervision steht jedoch ein möglicher Nachteil entgegen. Da nur der Supervisand mehr über sich und seine beruflichen Beziehungen erfährt, berührt der Wissens- und Reflexionszuwachs durch die Supervision die Beziehungen zu den Arbeitskollegen eher indirekt.

2. Varianten der Gruppensupervision

Das Hauptmerkmal der Gruppensupervision als *Mehr-Personen-Setting* ist die Tatsache, dass die Supervisanden alle in unterschiedlichen Einrichtungen oder Praxisfeldern arbeiten. Ein Supervisor berät mehrere Supervisanden, die an verschiedenen Arbeitsplätzen sowie in unterschiedlichen Organisationen tätig sind. Diese können einerseits als feldbezogene Supervision aus einem Arbeitsfeld, aber verschiedenen Einrichtungen (z. B. fünf Lehrer aus fünf verschiedenen Schulen) kommen. Andererseits kann die Gruppensupervision, wie im nachstehenden Beispiel gezeigt, sogar mit Personen aus völlig unterschiedlichen Arbeitsfeldern (Schule, Pfarramt, Altenheim, Jugendamt, Krankenhaus, Kindergarten u. a.) stattfinden.

Bei diesem Mehr-Personen-Setting kannten sich die Mitglieder der Gruppe vorher nicht (*stranger group*).

Für alle nachstehenden Varianten des *Mehr-Personen-Settings* (also auch für die Team- und Organisationssupervision) benötigt man neben dem schon erwähnten „Handwerkszeug“

der Supervision noch zusätzliches Wissen und Können über Gruppen, um Gruppenprozesse produktiv steuern zu können. Nachstehend sind einige Erkenntnisse über Gruppenprozesse zusammengestellt:

(1) In überschaubaren und dauerhaften Gruppen von drei bis zwanzig Mitgliedern kann man *intensive Erfahrungen* miteinander haben.

(2) Während des Gruppenprozesses bilden sich eigene *Ziele*, *Werte* sowie spezielle Beziehungen und Erwartungen (*Rollen*) heraus.

(3) Diese Rollen hängen einerseits von dem ab, was man vorher erlernt hatte; andererseits entwickeln sie sich auch durch das Zusammen- und Gegeneinanderwirken der Gruppenmitglieder in jeweils spezifischer Weise als *Gruppenrollen* weiter.

(4) Mit dem Begriff *Billard-Modell* kann man diesen Gruppenprozess treffend beschreiben. Jede Äußerung eines Gruppenmitglieds löst etwas aus, das wie eine Billardkugel „in Gang gesetzt wird und seinerseits ein weiteres Ereignis auslöst“ (Fengler 1986, S. 59).

(5) Die Gruppenmitglieder beeinflussen einander. Sie bringen ihre früheren *Erfahrungen* und vor allem auch *Übertragungen* mit in den Prozess ein. Dabei entwickeln sich mehrfache Übertragungen untereinander. Menschen können sich nirgendwo so intensiv kennen lernen wie in gut arbeitenden Gruppen.

(6) Allerdings kommt es nicht selten vor, dass Gruppen den Einzelnen bei ungünstigen Bedingungen (Fremdheit, Gruppendruck, Außenseiterrolle) ängstigen. Denn in jeder Gruppe kommt es zu Machtausübung, Hierarchie und Normsetzung. Durch gezielte Interventionen ist es möglich, diesen unerwünschten Erscheinungen in der praktischen Gruppenarbeit gegenzusteuern.

(7) Wie schon angedeutet, unterliegt der zeitliche Ablauf in jeder Gruppe bestimmten *Gruppenprozessen* und *Gruppenphasen*. Diese sind beschreibbar und für das Verständnis menschlicher Entwicklung in Gruppen gut nutzbar.

(8) Wenn es in der Gruppe „gut“ läuft, dann können Gruppen *Korrekturmöglichkeiten* früherer (negativer) Erfahrungen sein. Eigene Verhaltensweisen und Rollen werden von anderen kritisch gesehen, kommentiert und sind deshalb veränderbar.

(9) Hierzu haben Theorie und Praxis der Gruppendynamik ein methodisches Instrumentarium für Beschreibungen und Veränderungsmöglichkeiten entwickelt. Die bekannteste Möglichkeit ist das *Feed-back*, die gezielte Rückmeldung darüber, wie man auf andere wirkt (S. 79).

Wenn der Gruppenprozess einigermaßen gelingt und in die „Tiefe“ geht, zeigen sich jenseits der anfänglichen Themen noch „hintergründige“ Probleme und verborgene Spannungen, die oft von einer durch die Entwicklung in der Gruppe entstandenen gemeinsamen, unbewussten Fantasie getragen werden (Heigel-Evers 1978, S. 46).

Welches können diese „hintergründigen Themen“ einer Gruppe sein? Supervisionsgruppen, egal welcher Art, bilden aufgrund ihrer *Geschichte* und internen *Beziehungsstruktur* ein *System* eigener *Ideologien* und *Mythen*. Dabei sprechen sie über sich selbst und geben anderen *Informationen*, wie sie gerne gesehen werden möchten; und sie entwickeln auch Illusionen, Tabus und Kränkungen. Was bedeutet das für die Supervisorin? Bei der Leitung einer Supervisionsgruppe befindet man sich

- vor allem in einer Doppelrolle, denn man beobachtet und handelt,
- man ist gleichzeitig „draußen“ und „drinnen“ und
- achtet darauf, wie die Gruppenmitglieder ihre Wirklichkeiten sehen und beschreiben.
- Welches ist der Unterschied zwischen dem Selbst- und Fremdbild?
- Welche Begründungen und Bewertungen werden vorgenommen?
- Wie wird weshalb entschieden?

(Kersting 2000, S. 131 f.)

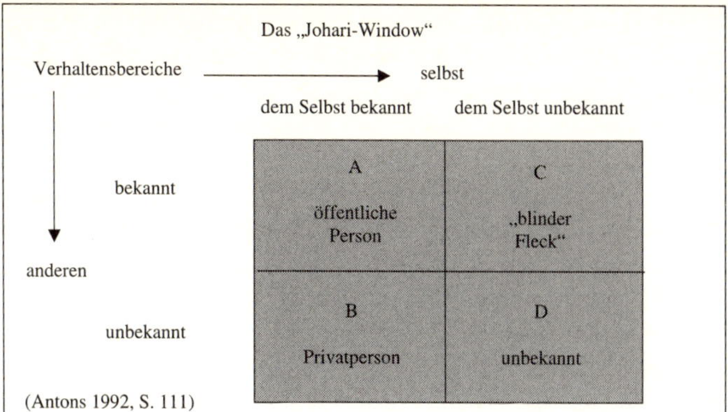

(Antons 1992, S. 111)

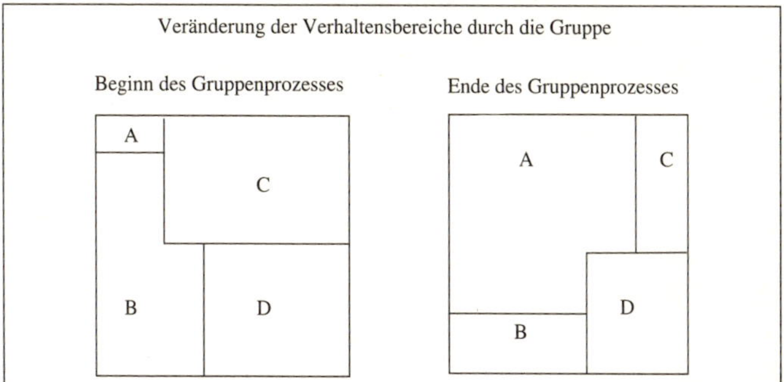

(Antons 1992, S. 112)

Das abgebildete Schema ist in der Fachliteratur unter dem Begriff „Johari-Window" bekannt geworden. Diese Bezeichnung geht aus den Namen der beiden Autoren hervor: Joe Luft und Harry Ingham.

Das *Johari-Window* kann die Lernmöglichkeiten in psychologisch oder pädagogisch geleiteten Gruppen – also nicht nur in Supervisionsgruppen – visuell verdeutlichen.

Der *Bereich A* ist derjenige Teil von uns, der sowohl dem Selbst als auch den anderen Menschen bekannt ist (*öffentliche Person*).

Der *Bereich B* ist der Bereich, der nur dem Selbst bekannt, den anderen allerdings unbekannt ist (*Privatperson*).

Der *Bereich* C ist zwar dem Selbst unbekannt, für die anderen jedoch sichtbar und mitteilbar. Hierunter fallen abgelehnte und vorbewusste Verhaltensweisen („*blinder Fleck*").

Der *Bereich D* ist weder dem Selbst noch den anderen bekannt, es ist der Bereich, den man in der Psychotherapie das Unbewusste nennt (*Unbekanntes*).

In jeder lernfähigen Gruppe wird sich beim Einzelnen das Feld A auf Kosten des Feldes B (durch Selbstöffnung) sowie des Feldes C (durch Rückmeldungen anderer) vergrößern. Das Feld D bleibt weitgehend unverändert.

Zurück zu den Varianten der Gruppensupervision. Welche Möglichkeiten der Gruppensupervision sind bekannt? *Gruppensupervision* kommt oft in der Ausbildung vor. Die schon erwähnte *Balint-Gruppe* ist eine psychoanalytisch orientierte Gruppen-Selbsterfahrung für vertiefte Fallarbeit. Die Balint-Arbeit enthält im ursprünglichen Ansatz keine Konzeption über Gruppen-, Team- und Institutionsarbeit. Deshalb gehört die Balint-Gruppe nur in einem erweiterten Sinne zur Supervision.

Bei der *Kollegialen Supervision,* auch *peer-group supervision, Intervisionsgruppe* oder *Kollegensupervision* genannt, handelt es sich um eine wechselseitige Gruppenreflexion ohne formelle Leitungsperson. Sie ist dann erfolgreich, wenn die Teilnehmerinnen und Teilnehmer über langjährige Berufserfahrungen verfügen und in der Lage sind, das Gruppengeschehen von Neid, Missgunst, Rivalitäten oder anderen Störungen freizuhalten.

Weil dieses Setting nicht über einen externen Supervisor verfügt, spricht man auch von der *supervision without parents.*

Häufig beschäftigen sich diese Gruppen mit der „kollegialen Fallbearbeitung". Die Wirkungseffekte dieser Gruppen sind noch nicht vollständig untersucht. Gesichert scheint jedoch, dass die Kollegiale Supervision dann erfolgreich sein kann, wenn folgende Bedingungen erfüllt sind:

- gute Selbstreflexion und Gruppenerfahrung der Teilnehmer,

- hohe Professionalität (beispielsweise gute Ausbildung, langjährige Berufserfahrung),
- geringe Konkurrenz,
- weitgehende Angstfreiheit,
- realistische Ansprüche,
- vorherige positive Erfahrung mit geleiteter Supervision.

Kollegiale Supervision ist nicht direkt mit der Beratung durch einen internen oder externen Supervisor vergleichbar. Beide Settings decken verschiedene Möglichkeiten und Bedürfnisse ab. Gut kann man diese Unterschiede auch nachvollziehen an folgendem Vergleich:

Vorteile Kollegialer Supervision:

- „Stärkung des Selbsthilfegedankens und Reduzierung der Abhängigkeit von Experten,
- hohe intrinsische Motivation und Eigeninitiative der Teilnehmer,
- ökonomische Vorteile (honorarfrei),
- wechselseitige Unterstützung, Ermutigung und Feed-back,
- Gelegenheit zur Erweiterung des begrenzten persönlichen Erfahrungsrahmens, zum Kennenlernen neuer/anderer Perspektiven (auch konfrontativ!) und zum Austausch von Ideen,
- *eine* Möglichkeit zur Wahrnehmung von Fortbildungsverpflichtungen, zum Lernen/Verfeinern neuer Methoden und Techniken,
- *eine* von vielen Maßnahmen zur Qualitätssicherung (Vergleichsmöglichkeiten mit professionellen Standards, Evaluation mittels ‚peer review'),
- emotionaler Beistand in schwierigen Situationen und Konflikten (auch: andere Personen haben *ähnliche* Probleme/Belastungen),
- Atmosphäre der Offenheit durch weitgehende Unabhängigkeit von der Kontrolle/Evaluation durch die Administration (wenig Angst vor Sanktionen oder ‚Karriereschäden'),
- relativ große Freiheit der Gruppenzusammensetzung (Leitlinien: Vertrauen, wahrgenommene Kompetenz, persönliche Sympathie etc.),
- Förderung von Selbstbeobachtung, Selbstreflexion und

Selbstsupervision (fachliche, persönliche und systembezogene Einflussgrößen),
- Gelegenheit zum Erwerb von Fähigkeiten und Erfahrungen *außerhalb* der formalen Struktur eines Ausbildungsprogramms oder eines ‚offiziellen' Fortbildungsangebots,
- Nutzung der jeweiligen persönlichen Stärken (spezielle Kenntnisse, Fertigkeiten und Erfahrungen einzelner Teilnehmer),
- ‚stellvertretende' Lernerfahrungen: Vorbildwirkung, Lernen am Modell,
- vorbeugende Wirkung gegen Isolation am Arbeitsplatz, Stress und ‚Burn-out',
- Nebenprodukt: größerer Zusammenhalt und intensivere Kooperation zwischen Kollegen"

(Schmelzer 1997, S. 372f.).

Allerdings hat die Supervision ohne Supervisor auch einige Nachteile.

Nachteile Kollegialer Supervision:

- „Überhöhte Ansprüche und illusorische Ziele,
- Gefahr der Überforderung bei zu großen Problemen,
- fehlende Kompetenz für bestimmte Themen, Prozesse und Inhalte,
- *gemeinsame* ‚blinde Flecken' durch fehlende Außenperspektive (‚Schmoren im eigenen Saft'),
- mangelhafte Aufgaben- und Zielorientierung (fehlende Lernmotivation, zu informelle Treffen, ‚Kaffeeklatsch-Atmosphäre'),
- inadäquate Schwerpunktsetzungen (z.B. emotionale Unterstützung geben, wo eine *aktive* Problemorientierung notwendig wäre),
- zu heterogene Gruppenzusammensetzung (Personen aus völlig unterschiedlichen Tätigkeitsbereichen ohne Transfermöglichkeiten),
- Notlösung bzw. Ersatz für andere Supervisionsangebote (wenn z.B. aus finanziellen Gründen externe professionelle Supervision unterbleibt)"

(Schmelzer 1997 S. 373).

Tab. 2: Verfahrensvorschläge für Kollegiale Supervision

Rahmen:

- Auswahl der Mitglieder nach Vertrauen und Kompetenz
- Gruppengröße: optimal zwischen 6 und 10 Personen
- klare verbindliche Absprachen (Vollständigkeit, Pünktlichkeit u. a.)
- regelmäßige Treffen zu festen Zeiten
- keine Strukturen, die von außen vorgegeben sind
- Frequenz: anfangs wöchentlich, dann alle 2 bis 4 Wochen
- Rahmenverletzungen (*Störungen*) haben Vorrang

Der jeweils wechselnde Moderator sorgt für:

- den Rahmen (Ort, Termine, Beginn und Ende der Sitzungen)
- Strukturierung und Leitung der Gespräche
- hält sich inhaltlich zurück
- stellt keinen eigenen Fall vor
- achtet auf die Regeln

Ablauf der Sitzungen:

- Rückmeldungen vom „letzten Mal"
- Fallsuche
- Einigung auf Fall bzw. Fälle
- Falleinbringung
- „Erste Runde" auf der „Realitätsebene": Nachfragen der Zuhörer mit Verständnisfragen zur Falldarstellung (z. B. Fakten, Alter, Daten u. a.) an den Falleinbringer
- „Zweite Runde" auf der „Beziehungsebene": eigene spontane Einfälle, Fantasien, Hypothesen, Gefühle (Übertragung/Gegenübertragung, freie Assoziationen) der Gruppenmitglieder (nicht über eigene „Geschichten" sprechen)
- eventuell eine „Dritte Runde": Handlungsalternativen, Strategien
- Rückmeldungen des Falleinbringers an die Gruppe: Was war neu, was bedenkenswert, was wird er/sie als Nächstes versuchen?

Der Moderator beendet diese Fallreflexion.

Nach der letzten Fallbesprechung dieses Treffens werden der Moderator für das nächste Treffen sowie Ort und Termin bestimmt.

Wie schon erwähnt, ist eine professionelle und finanziell abgesicherte Supervision nicht immer möglich. Falls dringender Bedarf nach Supervision vorhanden ist oder wenn man diese neue Lernmöglichkeit einmal ausprobieren möchte, sollte es mit der Kollegialen Supervision versucht werden. Vorstehend einige Hinweise, wie eine derartige Kollegiale Supervision besser gelingen kann.

3. Möglichkeiten der Teamsupervision

Unter einem Team versteht man eine kooperierende Arbeitsgruppe im Rahmen einer Institution. Dabei kann das Team beruflich homogen sein. Das ist beispielsweise der Fall, wenn alle Teammitglieder ausgebildete Sozialarbeiter sind (*monoprofessionelles Team*). Häufiger haben wir es in der Supervision jedoch mit Teams zu tun, deren Mitglieder unterschiedlichen Berufsgruppen angehören; beispielsweise Arzt, Psychologe, Sozialarbeiter, Heilpädagogin, Krankenschwester (*multiprofessionelles Team*). Teammitglieder sind oft gute Fachleute in ihren jeweiligen Gebieten. Doch zur Kooperation und Koordination der jeweiligen individuellen Arbeiten bedarf es mehr als des Fachwissens. Viele Teams und Organisationen scheitern daran, dass man meint, es genüge, Personen aus verschiedenen Berufen mit Arbeitsaufgaben zu versehen, um gute Ergebnisse zu erzielen. Oft berücksichtigt man nicht den „gruppendynamischen Faktor". Damit ist gemeint, dass Teams im jeweiligen Arbeitszusammenhang nun einmal auch hemmende Elemente (Ängste, Abwehrformen, Rivalitäten, Machtkämpfe) entwickeln. Teamsupervision kann diese störenden Effekte reduzieren.

Auch deswegen stellt in Sozialarbeit, Gesundheitswesen und Psychotherapie die *Teamsupervision* die häufigste Anwendungsform von Supervision dar. Durch den höheren Bekanntheitsgrad der Mitglieder eines Teams untereinander ist es nicht immer einfach, so offen zu sein wie in einer eher anonymen Gruppensupervision. Im Team finden Arbeitsbeziehungen meistens in einem vertrauten Rahmen statt. Deshalb spricht man auch vom Team als *family group*. Das sollten Supervisorinnen und Supervisoren bedenken und notfalls auf intensive Problematisierung verzichten, wenn es gilt, den persönlichen Bereich eines Teammitgliedes zu schützen.

Wofür ist die Supervision im Team besonders geeignet?

Teamsupervision ist gut und hilfreich für viele arbeitsbezogene Themen. Vor allem, wenn sich diese Themen im Team und in den Beziehungen der Teammitglieder untereinander auswirken. Das ist bei der *Fallbesprechung* sowie der *Selbstreflexion* des Teams möglich. Teamsupervision gelingt dann am besten, wenn die Beziehungen im Team nicht so sehr von Streit, Missgunst und Rivalitäten belastet sind. Demgegenüber eignet sich Teamsupervision nicht so gut für Probleme, die sozusagen eine Stufe „höher" verursacht worden sind, etwa bei organisatorischen Fragen, welche die gesamte Einrichtung betreffen. Hierzu gehören Leitungs-, Steuerungs- oder Hierarchieprobleme sowie die Beziehungen zwischen verschiedenen Teams. Teamsupervision kann sogar nutzlos werden und die supervisorische Arbeit in Verruf bringen: „Die beraterische Arbeit auf der Beziehungsebene bringt im Arbeitsalltag einer Organisation dann keine nennenswerte Veränderung, wenn das Problem, um das es geht, in der Struktur der Organisation und ihrer Entwicklung bzw. den sich daraus ergebenden Funktionen begründet ist" (Buchinger 1997, S. 97).

Führungsfragen befinden sich genau im Zwischenbereich von Teamsupervision und erweiterten Verfahren, die ich unten darstellen werde (S. 96ff.). Führung bedeutet heute nicht mehr, Befehl und Anweisung zu geben. Vielmehr zielt Führung auf die Schaffung von klaren Strukturen, um Aushandlungsprozesse zwischen den Mitarbeitern zu ermöglichen und realistische Zielvereinbarungen sowie Ergebniskontrolle herzustellen.

Abschließend soll noch auf die Frage eingegangen werden, ob die Teamleiter an der Teamsupervision teilnehmen sollten. Wenn der Teamleiter täglich im Team tätig und auch mit der Alltagsarbeit betraut ist, gehört er in der Regel in die Teamsupervision. Allgemein ist bei der Teamsupervision darauf zu achten, dass keine Gegensatzstellung zwischen Team und (übergeordneten) Vorgesetzten entsteht. Teamsupervisionen sind nicht dazu da, über abwesende Vorgesetzte oder Kollegen zu „meckern". Wenn ein solches Bedürfnis vorhanden ist, wäre es sinnvoll, den oder die Personen im Einverständnis aller Beteiligten einzuladen und das Problem gemeinsam zu besprechen.

4. Über die Teamsupervision hinaus

Es ist schon erwähnt worden, dass manche Themen, die in der Teamsupervision thematisiert werden, dort nicht befriedigend zu lösen sind. Denn es müssten auch Problembeteiligte dabei sein, die allerdings nicht dem Team angehören. Deshalb hat man in der Praxis während der letzten Jahre andere Formate (S. 118) und Modalitäten (S. 106) entwickelt. Gemeinsames Merkmal der dabei auftauchenden neuen Fragen und Aufgaben ist, dass wir es hierbei einerseits nicht mehr nur mit Teams, aber andererseits auch noch nicht mit allen Mitgliedern einer Organisation zu tun haben. Bedingt durch die im Kapitel I erwähnten veränderten Aufgaben und Ansprüche in der Arbeitswelt sind nämlich viele neue Gruppierungen entstanden, die ihrerseits eine externe Begleitung benötigen. Um welche neuen Arbeitsformen der Supervision handelt es sich? Aufgrund der zunehmenden Komplexität in modernen Unternehmen hat man beispielsweise in den letzten Jahren Querschnittgruppen zu Planung, *Qualitätssicherung* oder Evaluation ins Leben gerufen.

Auch die *wöchentliche Besprechung* der Abteilungsleiter in großen Verwaltungen oder Ministerien gehört in diese Kategorie. Ähnlich ist es, wenn alle Abteilungsdirektoren eines Ministeriums an einer *Fortbildung* (Kommunikationstraining, Austausch beruflicher Erfahrungen) teilnehmen.

Manche Organisationen veranstalten halbjährliche oder jährliche *Reflexions-* oder *Planungstage* außerhalb der Einrichtung, um abseits vom Tagesgeschäft über Grundsatzfragen nachzudenken.

Eine häufige und zeitlich kurze Variante stellt bei vielen Unternehmen die tägliche *Morgenrunde* dar. Hier treffen sich Delegierte (nicht unbedingt immer Vorgesetzte) aller Stationen oder Abteilungen, um die neuesten Informationen auszutauschen und aktuelle Maßnahmen zu besprechen.

Dies war nur eine kurze Auswahl von Besprechungsmöglichkeiten, die teamübergreifend die gesamte Organisation betreffen und auf bestimmte Fragestellungen und Teilnehmer begrenzt sind.

4.1 Komplexität von Organisationen

Organisationen sind viel komplizierter aufgebaut als Teams. In der Regel arbeiten mehrere Teams, Stationen oder Abteilungen zusammen an der Erstellung eines Produkts. In Organisationen haben wir es mit einer Hierarchie von beruflichen Positionen sowie geregelten Beziehungen und Kommunikationen (*Dienstweg*) sowohl zwischen diesen Positionen als auch mit externen Organisationen zu tun.

Im systemtheoretischen Begriffsverständnis sprechen wir von komplexen Organisationen. Auch bei der Veränderung von Organisationen gilt das vorgenannte *Prozess-Modell* von Beratung (S. 71 f.). Auch sind Systemprobleme nicht technischer oder sozialer, sondern eigentlich „soziotechnischer" Art (Chin/Benne 1975, S. 62). Hierarchische Organisationen stammen häufig noch aus den letzten Jahrhunderten. Jeder war auf seinem Platz, und es wurde von „oben" nach „unten" angeordnet. Organisationen sollen bestimmte Zwecke und Ziele verwirklichen.

- Aus diesem Grunde verfügen Organisationen über eine entsprechende Struktur (Untergliederung, Arbeitsteilung, Berufsrollen, Koordination, Kontrolle).
- Lange Zeit war man der Ansicht, dass Organisationen dann am wirksamsten sind, wenn sie vorwiegend rational und hierarchisch aufgebaut sind und bürokratisch gesteuert werden.
- Die Arbeitsprozesse sollten deshalb mit möglichst wenig Kommunikationsaufwand ablaufen.

Nun sind allerdings die meisten Organisationen immer komplexer geworden und die Anforderungen an deren Leistungsfähigkeit sind gestiegen (Kapitel I). Die Notwendigkeit zur Kommunikation auch „quer“ zur immer „flacher“ werdenden Hierarchie nimmt zu. Durch den erhöhten Leistungsdruck haben viele Organisationen oft immer weniger Zeit und sie benötigen dabei doch mehr Zeit, um den neuen Anforderungen gerecht zu werden. Zu diesem Widerspruch kommt noch eine zweite Problematik hinzu: Die einzelnen hoch qualifizierten Mitarbeiter werden jeder für sich in seinem Fachgebiet immer „besser“. Aber auch deshalb kann ihre Kommunikation und Zusammenarbeit schwerer im positiven Sinne koordiniert werden. Scala und Grossmann beschreiben dieses Dilemma am Beispiel des Krankenhauses folgendermaßen: „Der Widerspruch zwischen Professionssystem und Organisation ist charakteristisch für sogenannte Expertenbetriebe. Zugespitzt formuliert, stellt sich das Krankenhaus als ein hochprofessioneller Expertenbetrieb mit einer immer noch ‚archaischen‘ Sozialorganisation dar“ (1997, S. 165). Das, was für das Krankenhaus gesagt wurde, gilt auch für Einrichtungen des Sozial- und Bildungswesens; ebenso für viele Organisationen im Profit-Bereich.

Wie schon erwähnt, hat man bisher Organisationen eher unter ihren formalen Aspekten (Hierarchie, Struktur, Aufgaben, Rollen, Zielrealisierung) betrachtet. Dabei wurde die prozessbezogene Seite der Organisation vernachlässigt. Wichtiger als die formale Beschreibung von Strukturen sind allerdings die Prozesse und Ergebnisse. Die Leistungsfähigkeit einer Organisation hängt nämlich davon ab, wie Informationen und Dienstleistungen zur Verfügung gestellt und verarbeitet werden. Deshalb spielen für modern ausgerichtete Organisationen in systemischer Hinsicht vor allem die Aspekte *Kommunikation*, *Handlung* und *Beziehung* eine Rolle:

1. Eine Organisationen ist so, wie sie intern und extern kommuniziert.
2. Organisationen bestehen aus einer unendlichen Reihenfolge von Handlungen.

3. Kommunikation und Handlung sind Ursprung und Folge von beruflichen Beziehungen.

Prozesse in Organisationen sind jedoch selten offen und allen Beteiligten zugänglich. Wie kann man Organisationen untersuchen, um positiv auf sie einwirken zu können? Im Folgenden einige Hinweise, wie man „hinter die Kulissen“ schauen kann.

4.2 Organisationsgeschichte

Viele Strukturen und Probleme kann man eigentlich nur verstehen, wenn man sich mit ihrer Entstehungsgeschichte befasst. Das führt unweigerlich in die Aufbauphase einer Organisation. Bekanntlich haben Organisationen ihre jeweils eigene „Geschichte“. Supervisoren bzw. Organisationsberater sollten Mitarbeiterinnen und Mitarbeitern deshalb ermöglichen, sich über ihre Kränkungs-, Krisen- und Erfolgsgeschichten auszutauschen. Das *Organisations-Prozess-Modell* verhilft dabei, die Geschichte von Organisationen mit ihren speziellen Strukturproblemen besser zu verstehen. Beispielsweise haben viele freie und private Träger im Sozial- und Gesundheitswesen mit wenigen hauptamtlichen Kräften angefangen. Die Leitungspersonen wurden im Sinne einer „Institution“ mit der Einrichtung gleichgesetzt. In dieser *Pionierphase* ist die Arbeitsweise familienähnlich; man versteht sich als eine „große Familie“. Jeder kennt jeden, weiß und kann fast alles. Die Kommunikation ist direkt; es dominiert ein personenbezogener Leitungs- und Organisationsstil. Durch Ausweitung der Tätigkeiten und Einstellung neuer Mitarbeiterinnen und Mitarbeiter kommt es notwendigerweise zu einer *Differenzierungsphase* mit den Merkmalen der Arbeitsteilung, Spezialisierung, Hierarchisierung und Bürokratisierung. Statt persönlicher Beziehungen existiert jetzt der „Dienstweg“. Mit der Formalisierung der Organisation werden nun auch die ehemals familienähnlichen Beziehungen förmlicher. Das immer größer werdende Beziehungsgeflecht wird bürokratisch, hierarchisch und starr. Es entsteht das Bedürfnis nach Koordination, aber auch die Schwierigkeit, optimal zu kommunizieren. Viele Organisationen haben die dabei entstandenen Probleme nicht bewältigen können. Ehemals persönlich geprägte Arbeitsbeziehungen mussten durch Erweiterung von Aufgaben sowie Einstellung von jüngerem, oft besser qualifiziertem Personal aufgegeben werden. Langjährige ältere und nebenamtliche Mitarbeiterinnen fanden sich plötzlich in der „zweiten Reihe" wieder. Interne Dauerkonflikte, hohe Krankenstände und personelle Fluktuation sind die Folge. So kommt es in dieser Phase häufig zu Krisen. Wenn Organisationen in eine Krise geraten, können sie sich nicht mehr innovativ verhalten, sondern sie müssen auf scheinbar bewährte Mittel und Mechanismen zurückgreifen. Das Problem ist dabei, dass gerade diese Verhaltensweisen unter Umständen die Krise mit verursacht haben. Diese verhängnisvolle Rückzugsstrategie nennt man in der Organisationsberatung: *Mehr desselben.* Oft werden dann neue, schwerwiegendere Fehler begangen, um die Fehler, welche in die Krise geführt haben, zu verschleiern. Teamsupervision, aber auch Organisationsentwicklung kann dann vielleicht behilflich sein. Organisationswandel ist dann erfolgreich, wenn die Betroffenen daran beteiligt sind. Im Idealfalle kommt es danach zu einer *Integrationsphase* (Lievegoed 1974). Es ist eine Großorganisation entstanden, die in der Lage ist, ihre Subsysteme (z.B. Stationen, Teams) zur Bewältigung ihrer Aufgaben optimal zu koordinieren und einzusetzen. Merkmale dieser Integrationsphase sind: Kollegiale Unternehmensführung, Zielbezogenheit, Marketingorientierung, Beziehungspflege sowie das Selbstverständnis als „lernende Organisation" (S. 105).

4.3 Organisationskultur

Relativ neu in der Betrachtung von Organisationen ist der Ansatz der *Organisationskultur.* Damit ist gemeint, dass sich in jeder Organisation grundlegende Werte, Normen, Mythen, aber auch spezielle Umgangsformen und „geheime" Ziele herausgebildet haben. Diese können die Realisierung der offiziellen Ziele beeinflussen oder verschieben (*Zielverschiebung).* Wie sehr unterscheiden sich beispielsweise die Organisationskulturen verschiedener Heime voneinander, so bei einem städtischen, einem kirchlichen oder einem privaten Heim. Aber auch innerhalb einer einheitlichen Trägerschaft können Umgangsstil des Personals, soziale Herkunft und gesundheitlicher Zustand der Bewohner, bauliche Vorgaben und nicht zuletzt die Führungsqualitäten der Heimleitung die Organisationskultur und den Alltag entscheidend beeinflussen.

Jeder kennt die Veränderungen bei der Deutschen Post (früher: Bundespost) und der Deutschen Bahn (früher: Bundesbahn). Auf dem Weg zur Privatisierung werden auch die Organisationskulturen sowie der tägliche Kontakt mit den Kunden einem Wandel unterworfen.

Wie unterschiedlich sind doch die Umgangsformen in einem McDonald's-Schnellrestaurant, einer Pizzeria oder einem typischen deutschen Speiselokal. Auch das sind Merkmale von Unternehmenskultur.

Organisationen kennzeichnen sich selber mit *Symbolen*. Zusätzlich demonstrieren *Riten* Gemeinsamkeit und Übergänge von einer Situation zur anderen; etwa bei Einstellung, Entlassung, Eintritt in den Ruhestand, Jahresfeiern oder Betriebsausflügen. *Mythen* sind kollektive Selbstdeutungen und Selbstansprüche, die selten hinterfragt werden. Beispielsweise kann sich in einer Einrichtung der Mythos eines *Familienmodells* entwickelt haben. Dazu gehört die Grundvorstellung, dass alle „gleich“ sind und alles „gemeinsam“ entscheiden sollten. Das führt zu ewigen Teamsitzungen, endlosen Diskussionen und hohem Energieverbrauch. Demgegenüber stehen bei einer *Kultur des Machens* die bloße Zielorientierung und der Aktivismus im Vordergrund. Bekannt sind auch die Mythen *Aus der Not eine Tugend machen* oder die *Misserfolgsorientierung*.

Das „Mythos-Thema“ kann man auch erweitern: *Fürsorglichkeits-Kultur*, *Apathische Kultur*, *Antreiber-Kultur* und *Integrative Kultur*. Hier sprechen die Begriffe für sich selber.

Mythen, die den gegenwärtigen Zustand erhalten

„Aus der Not eine Tugend machen."
Planlosigkeit wird zur Spontaneität und Behelfsmäßigkeit zu Improvisation uminterpretiert. Dadurch entsteht die Selbsttäuschung, man würde kreativ handeln.

Die Kultur des Machens

1. „Das Ziel ist das, was wir tun."
2. „Viel tun hilft viel."
3. „Erfolg ist in der Sozialarbeit nicht messbar."
4. „Mangelnde Rückmeldungen über die Arbeit führen zu Unsicherheit und schlechtem Gewissen."

Die Kultur des Familienmodells

1. „Wir sind alle gleich und entscheiden alles gemeinsam."
2. „Überfrachtung von Teamsitzungen mit endlosen und ineffektiven Diskussionen."
3. „Innovationen werden nicht zielstrebig angegangen, sondern totgeredet."

„Die Misserfolgsorientierung"

1. „Die Legitimation der eigenen Arbeit wird häufig durch Abgrenzung und Rechtfertigung zu erreichen gesucht."
2. „Man kann ja doch nichts machen."
3. „Nicht Inhalte stiften den sozialen Zusammenhang, sondern die Beziehungen."

(Puch 1994, S. 69)

4.4 Mikropolitik

Der Begriff *Mikropolitik* weist darauf hin, dass in vielen Organisationen beim Kampf der Organisationsmitglieder um Macht, Ansehen oder knappe Ressourcen häufig Koalitionen, Taktiken, Kompromisse, Tricks oder Aushandlungsstrategien unter- bzw. gegeneinander angewendet werden. Es handelt sich also um *informelles Gruppenverhalten*, das eine Form von Machtausübung darstellt (Neuberger 1995, S. 16). Dabei können folgende Machtmittel praktiziert werden: Zwang, sich Vorteile verschaffen, höhere Autoritäten einschalten, nur rational diskutieren, Koalitionen eingehen, moralisch oder ideologisch argumentieren, die persönliche Macht einsetzen, für andere (scheinbar) vermitteln oder sie vertreten, Täuschungstaktiken anwenden, etwa nur Teilinformationen liefern

(Neuberger 1995, S. 138 ff.). Oft wird auch das Klienten- oder Kundensystem in diese „Kampfspiele" mit hineingezogen. Das ist beispielsweise der Fall, wenn Lehrer sich vor Schülern negativ über ihre Kollegen äußern. Spätestens an diesem Punkt der Auseinandersetzungen muss die Leitung aktiv werden. Zusätzlich ist Unterstützung durch Außenstehende, etwa mittels Teamsupervision, Organisationssupervision oder eine längerfristige Organisationsentwicklung, angebracht.

4.5 Organisations- bzw. Institutionssupervision

Auf welche Erfahrungen und Konzepte kann man beim Verändern von Organisationen zurückgreifen? In der Tradition der Organisationsentwicklung hat man verschiedene Maßnahmen erprobt. Es werden innerbetriebliche Daten und Informationen gesammelt und allen Beteiligten zur Verfügung gestellt. Auch das Personal wird für bestimmte Aufgaben und Rollen geschult, um diese Informationen zu verarbeiten und entscheidungsrelevant weiterzugeben (*Feed-back*). Zusätzlich kann man noch interne und/oder externe Schlüsselfunktionen mit *Innovationsagenten*, also Personen, die den Wandel planen und vorantreiben, besetzen (Chin/Benne 1975, S. 63).

Die *Organisationssupervision* (auch *Institutionssupervision* genannt) eignet sich eher für Themen, die in der Einzel-, Gruppen- oder Teamsupervision nicht befriedigend reflektiert werden können: so beispielsweise die Arbeit der Organisation als Ganze oder in ihren Teilen miteinander und nach außen hin: Leitungs-, Steuerungs- und Hierarchiefragen, Beziehungen zwischen Teams, Abteilungen und Stationen sowie Probleme mit Lieferanten und Kunden.

In der Fachliteratur ist die Bezeichnung Organisationssupervision bzw. Institutionssupervision ein unklarer und selten verwendeter Begriff. Dieser meint die Zusammensetzung von Mitgliedern aus einer Einrichtung, die mehr als ein Team, aber noch nicht vollständig alle Mitarbeiterinnen und Mitarbeiter dieser Einrichtung umfassen. Oftmals handelt es sich um freiwillige Teilnehmer einer Supervisionsgruppe innerhalb einer Organisation. Manchmal können es auch Delegierte aus verschiedenen Abteilungen (*Planungs-* oder *Querschnittgruppe*) oder spezielle Problembeteiligte sein, die über die verschiedenen Abteilungen hinaus an der Lösung eines gemeinsamen Themas arbeiten.

4.6 *Organisationsanalyse*

Am Anfang jeder Untersuchung zur Veränderung von Organisationen ist eine *Organisationsanalyse* notwendig. Darunter versteht man die Sammlung und Interpretation aller erreichbaren Daten und Informationen über die Institution: Dokumente, Organigramme, Stellen- und Dienstpläne, Ablaufschemata sowie Mitarbeiterbefragungen (*Survey-Feedback-Methode*). Häufig sind solche Informationen schon vorhanden und leicht zu beschaffen. Allerdings hat man bisher viel zu wenig die Möglichkeiten einer systematischen Zusammenstellung und Diskussion solcher Daten genutzt, um mit allen Beteiligten intern darüber zu kommunizieren und um sie für Zwecke der Organisationsreflexion zu verwenden.

4.7 *Organisationsberatung*

Auch mit Hilfe der Ergebnisse einer Organisationsanalyse kann eine zeitlich kürzere *Organisationsberatung* durch außen stehende Personen – etwa Supervisoren oder Organisationsberater – erfolgen. Dabei sollte das gesamte Personal oder zumindest Vertreter aller betroffenen Berufsgruppen beteiligt werden. Vor allem komplexe Organisationen wie Krankenhäuser oder Schulen leiden unter dem „Dilemma von Expertenorganisationen". Damit ist gemeint, dass dort zwar eine Vielzahl von hoch qualifizierten Experten versammelt sind. Diese sind jedoch aufgrund ihrer begrenzten Sichtweisen sowie der komplizierten Binnenorganisation oft nicht in der Lage, sich selber zu steuern; Hilfe von außen ist notwendig.

4.8 Organisationsentwicklung

Die Organisationsentwicklung schließt die Organisationsberatung mit ein und geht gleichzeitig über sie hinaus. Sie beinhaltet nämlich eine die vorgenannten Maßnahmen einschließende mehrjährige Untersuchung, Weiterbildung und Strukturveränderung in der jeweiligen Organisation. Dazu kann auch unterstützend eine wissenschaftliche Begleitung stattfinden. Ziel ist es, einen langfristigen und geplanten organisatorischen Wandel unter Beteiligung möglichst aller zu erreichen. Es leuchtet ein, dass die Ziele von Organisationsentwicklung nicht mit bloßer Leistungssteigerung auf dem Rücken der Beschäftigten zu erreichen sind. Denn bei der Organisationsentwicklung gelten immer ökonomische *und* soziale Ziele *gleichermaßen*: Kostensenkung *und* Qualitätserhöhung, aber auch Beteiligung des Personals *und* Verbesserung der Arbeitssituation. Es sollte also nicht gegen, sondern *mit* dem Personal gearbeitet werden.

In der Praxis scheitern Organisations-Entwicklungsprojekte leider oft aus zwei Gründen:

- Die wirtschaftliche und verwaltungsmäßige Seite wird vor allem von Beratern, die zu sehr psychologisch orientiert sind, vernachlässigt.
- Aber auch die zu geringe Berücksichtigung der Vorbehalte und Ängste der Mitarbeiterinnen und Mitarbeiter verhindert oft eine erfolgreiche Organisationsentwicklung (Trebesch 2000).

Organisationsberatung und die mehrjährige Organisationsentwicklung gelten als die am besten erprobten Möglichkeiten der effizienten und humanen Innovation von Institutionen. Im Gegensatz zur bekannten Realität sollen Organisationen nicht mehr durch Krisen zu oftmals verspäteten Veränderungen veranlasst werden. Keine Organisation ist perfekt. Aber „die meisten Organisationen können effektiver sein, als sie sind, wenn sie ihre eigenen Stärken und Schwächen diagnostizieren und managen lernen“ (Schein 1988, S. 10). Statt Wandel durch Krisen sollen Organisationen als „lernende Organisation“ ihren Wandel planen und sich so auf die sich stets ändernden Bedingungen vorbereiten. Vor allem moderne, international agierende Dienstleistungsunternehmen haben sich dem ständigen Wandel verschrieben. In der Fachliteratur zur Supervision und Organisationsentwicklung geht man davon aus, dass „organisatorische Selbstreflexion zu einem wichtigen Steuerungsinstrument moderner Organisationen wird“ (Buchinger 1997, S. 126).

Tab. 3: Arbeitsformen/Settings/Modalitäten in der Supervision

- Einzelsupervision
- Coaching (Leitungsberatung)
- Gruppensupervision (als „stranger group“, monoprofessionell oder multiprofessionell)
  (andere Varianten: Projektsupervision, Querschnittgruppe)
- Balint-Gruppe mit Varianten und Erweiterungen
- Kollegiale Supervision (monoprofessionell oder multiprofessionell als „stranger group“ oder „family group“)
  (andere Bezeichnungen: Peer-group-Supervision, Intervision)
- Teamsupervision (monoprofessionell oder multiprofessionell; statushomogen oder statusheterogen als „family group“)
- Organisationssupervision, Institutionssupervision (beispielsweise als Querschnittgruppe)
- Organisationsberatung
- Organisationsentwicklung

Die vorstehende Tabelle enthält alle idealtypischen Arbeitsformen der Supervision von der Einzelberatung bis zur Beratung von Teams bzw. der Veränderung von Organisationen. Diese knappe Darstellung sollte jedoch nicht zu der Annahme verleiten, dass diese Settings der Supervision in der Praxis immer auch so in „Reinkultur“ vorkommen. Denn je nach Kompetenz des Supervisors oder den speziellen Anforderungen der Praxis können natürlich auch Varianten und Mischformen angewendet werden.

VI. Perspektiven

In diesem das Buch abschließenden Kapitel sollen Hinweise auf den internationalen Forschungsstand der Supervision dargestellt werden. Danach möchte ich die wichtigsten Forschungsergebnisse über die Wirksamkeit von Supervision erläutern und einige Erfahrungen und Überlegungen zur Theoriediskussion in der Supervision leisten.

1. Internationaler Stand der Supervision

Im Jahre 1898 kam es an der Columbia-Universität in New York zum ersten mehrwöchigen Universitätskurs in Supervision. Wie schon erwähnt, taucht der Begriff *Supervision* erstmals 1950 in einem deutschen Fachbuch auf. Ein Jahr später wurde in der Schweiz das erste Seminar über Supervision in Europa veranstaltet. Neun Jahre danach begann Michael Balint in London mit seiner „Balint-Gruppe". 1976 gründete sich in der Schweiz der „Berufsverband für Supervision und Praxisberatung", der sich 1994 in „Berufsverband für Supervision und Organisationsentwickung" (BSO) umbenannte. Im gleichen Jahr wurde die „Österreichische Vereinigung für Supervision" (ÖVS) ins Leben gerufen.

Im Jahre 1989 vereinigten sich in Deutschland mehrere Ausbildungseinrichtungen zur „Deutschen Gesellschaft für Supervision" (DGSv.). Vor allem mit dem niederländischen Fachverband leisten die deutschsprachigen Vereinigungen Aufbauarbeit für entsprechende Organisationen in Ungarn, Belgien, Tschechien und Südtirol.

Wie schon beschrieben, wurde im Jahre 1997 in Wien die „Association of National Organizations for Supervision in Europe" (ANSE) gegründet. Dieser europäische Dachverband repräsentiert derzeit mehr als 6000 anerkannte Supervisorinnen und Supervisoren sowie fünfzig Ausbildungsstätten in acht europäischen Ländern. Gründungspräsident ist der Niederländer Drs. Louis van Kessel. Weiterhin sind Gruppen von Supervisoren aus Großbritannien, Estland, Kroatien, Schweden, Spanien, Russland und Polen in dem Europäischen Verband assoziiert.

Die Zeiten, in welchen vom englischen Sprachraum aus die Supervision weltweit dominant war, sind spätestens seit zwei Jahrzehnten vorbei. Denn im internationalen Vergleich führt inzwischen Europa; genauer gesagt: die hoch entwickelte Supervision im deutschen Sprachraum sowie die niederländische Supervision. Demgegenüber ist die Supervision in den USA vorwiegend noch an die Aus- und Weiterbildung von Sozialarbeitern und Psychotherapeuten gekoppelt. Sie beschäftigt sich auch stärker mit klinischen und psychotherapeutischen Themen und weniger mit Fragen der Organisation von Arbeit. Die Freiberuflichkeit ist dort kaum vorhanden. Zieht man vor allem die Anzahl und die Inhalte von fachlichen Veröffentlichungen in Büchern und Fachzeitschriften, Theoriebildung, die Ausbildungsmöglichkeiten und die Professionalität als Vergleichsmaßstab heran, so ist die kontinentaleuropäische Szene den Ursprungsländern USA und Großbritannien gegenüber im Vorteil (Belardi 1994).

2. Forschungsergebnisse zur Supervision

Supervision ist eine beziehungsmäßige Dienstleistung. Sie entzieht sich – ähnlich wie die Entwicklungsprozesse in Familie und Schule – einer engen wissenschaftlichen Überprüfung und Bewertung. Auch löst die Vorstellung von Supervision bei Nutzern möglicherweise Befürchtungen aus, dass es zu Konflikten mit Klienten, Kunden, Kollegen kommen könne, dass die Supervision sie „persönlich" sehr berühren werde oder auch, dass mit Hilfe der Supervision über sie „Kontrolle ausgeübt" wird. Genau deswegen ist es jedoch wichtig, die Supervision zu erforschen, um sich fundierte Urteile erlauben zu können.

Welche Ergebnisse sind aus der Erforschung von Supervision bekannt?

Die Teamsupervision kommt am häufigsten vor. Dabei verteilt sich die während der Supervisionssitzungen verbrachte Zeit wie folgt:

- 63% beschäftigen sich mit Klienten bzw. Kunden;
- 18% betreffen die kollegiale Zusammenarbeit;
- 17% die eigene Person; nur
- 2% thematisieren die eigene Einrichtung (Kühl/Pastäniger-Behnken 1999, S. 87).

In knapp zwei Drittel der Supervisionszeit wird über die eigene Arbeit mit Klienten bzw. Kunden berichtet. Etwas weniger als ein Fünftel der Supervisionen beschäftigt sich mit der kollegialen Zusammenarbeit.

Welche Untersuchungsergebnisse über den Nutzen der „Dienstleistung Supervision" sind bekannt und wie sind diese zu bewerten? Seit den Siebzigerjahren kennen wir einige aus heutiger Sicht einfache Untersuchungen zur Akzeptanz von Supervision. Es wurden die Teilnehmer von Veranstaltungen nach ihrer Meinung über die Akzeptanz von Supervision für Ausbildung und Berufspraxis befragt. Dabei kamen zwischen zwei Drittel bis vier Fünftel aller Befragten zu guten Bewertungen (Belardi 1998, S. 185). Von Hirsch kennen wir positive Ergebnisse einer vergleichenden Studie zur Wirksamkeit von Supervision nach der *Balint-Methode* sowie nach *der Themenzentrierten Interaktion* in der Weiterbildung von Altenpflegerinnen (1992, S. 17f.). Schreyögg hat in mehreren Befragungen die Effekte von Supervision untersucht. Danach verfügen Teilnehmer an Supervisionsveranstaltungen sowohl über einen „Zugewinn an theoretischen Mustern" als auch über einen Zuwachs „an handlungsorientierten Aspekten". Weiteres Ergebnis: Gruppensupervision scheint effektiver zu sein als Einzelsupervision (1994, S. 40ff.).

Seit vielen Jahren wird in den Alten- und Pflegeheimen der Stadt Stuttgart Supervision angeboten. Die Resultate einer Befragung der Supervisionsteilnehmer von 1993 zeigen, dass die Supervision die Pflegequalität verbessert und die Arbeitszufriedenheit erhöht (Carrier 1994, S. 712f.).

Eine andere Studie verdeutlicht, dass die Supervision überwiegend gute Veränderungen herbeiführen kann. Auf welchen Gebieten liegen diese Veränderungen? Diese positiven Supervisionseffekte befinden sich zu

- 27% bei den Supervisanden persönlich;
- 21% auf der kollegialen Ebene;
- 16% im Verhältnis zu den Klienten, Schülern oder „Kunden“ (Schneider/Müller 1995, S. 91 ff.).

Auch diese Studie bestätigt, dass Supervision eher auf der *persönlichen Ebene* der Supervisanden, weniger im Verhältnis zu den Kollegen und noch seltener hinsichtlich der Institution positiv wirkt. Die Teilnehmerinnen und Teilnehmer von Supervision fühlen sich zu vier Fünfteln „eher sicher“ oder „sicher“ und können mit ihren Gefühlen im beruflichen Handeln mit Hilfe der Supervision „eher besser“ oder „besser“ umgehen. Mehr als die Hälfte der Supervisionsteilnehmer kann sich nun gegen unberechtigte Ansprüche ihrer Klienten oder Kunden besser abgrenzen. Auch werden beruflich entstandene Konflikte nicht mehr so sehr wie vorher persönlich genommen (Schneider/Müller 1995, S. 94 ff.). Mehrere weitere Beiträge bestätigen, dass die Supervision auch „ein Beitrag zur vorbeugenden Kostendämpfung“ darstellt (Reifarth 1995, S. 109). Auch das schon an anderer Stelle (S. 40) erwähnte „Freiburger Modell der Supervision von Krankenschwestern und Krankenpflegern am Universitätsklinikum“ wurde einer Evaluation unterzogen. „Bei einer Befragung aller Mitarbeiterinnen, die den Supervisionsdienst je in Anspruch genommen haben, beurteilte die überwiegende Mehrzahl der Teilnehmenden die erlebte Supervision als effizient und hilfreich zur Vermeidung oder auch Lösung zahlreicher Fragen und Probleme, die die Arbeit mit Patientinnen, im Team oder zwischen den Berufsgruppen im Alltag eines Großkrankenhauses betreffen“ (Report Psychologie 9/2000, S. 575). In einem österreichischen Krankenhaus konnte man aufgrund der Evaluation eines Modellprojekts die Qualitätssteigerung und Kostenreduzierung durch Supervision registrieren: „Von den zuständigen krankenhausinternen Stellen wurden eine Abnahme der schriftlichen Beschwerden von Patienten und der Versetzungsanträge des Personals sowie ein Rückgang der Krankenstände festgestellt. Wurden im ersten Jahr der Supervision 1327 Gesamt-Krankenstunden gezählt, sank diese Zahl im darauf folgenden

Jahr auf 440 Stunden. Der durchschnittliche Zeitaufwand für die Supervision entsprach bei 12 Teilnehmern 0,7% der Gesamtarbeitszeit. Aufgrund dieses positiven Verlaufs des Modellversuchs wurde das für fünf Jahre angelegte Projekt ‚Supervision an den Landeskrankenanstalten (LKA)' genehmigt" (Wiedauer 1991, S. 121). Damit bestätigt sich, was den Sozialpsychologen seit den Dreißigerjahren schon bekannt ist. Wenn man Menschen bei ihrer Arbeit mehr Zuwendung und Aufmerksamkeit zukommen lässt, steigt das Interesse an der Arbeit; es wird auch mehr und besser gearbeitet.

Eine andere empirische Untersuchung fragte danach, wie sich die Supervision auf die Arbeit von Lehrern mit ihren Schülern auswirkte. Die Hauptergebnisse dieser Befragung sind folgende:

- Die kommunikative Kompetenz der Lehrer wurde verbessert;
- in Problem- und Konfliktsituationen verhalten sich die Lehrer konstruktiver als vorher;
- die Supervision hat eine vorbeugende Wirkung gegenüber Konflikten (Jugert 1998, S. 172).

Diese Untersuchung erbrachte gegenüber allen früher bekannten empirischen Studien über Supervision noch weitere Neuheiten:

Es wurden sowohl Lehrer interviewt, die Supervision erlebt hatten, als auch solche, die nicht an Supervision teilnahmen. Man hatte auch die Schüler dieser beiden Lehrergruppen befragt, wie sie die Arbeit ihrer Lehrer beurteilen. Welches sind die Ergebnisse?

Ein wichtiges Resultat ist die Tatsache, dass die Lehrer, die Supervision erhalten hatten, von den Schülern besser beurteilt wurden als die Lehrer, die keine Supervision kannten. „Das bedeutet, dass sich im Laufe der Supervision eine bedeutsame Veränderung in der Einschätzung des Lehrerverhaltens durch ihre Schüler vollzogen hat. Auch die Schüler schätzten ihre Lehrer gegen Ende der Supervision durchschnittlich als unterstützender (lobender, verstärkender) ein als vor Beginn der Supervision" (S. 161). Supervision beeinflusst also auch die „Endabnehmer" (Schüler, Klienten oder Kunden).

In einer anderen umfangreichen empirischen Untersuchung zur Wirkung von schulinterner Supervision wird festgestellt, dass die durchgeführten Supervisionsgruppen die Teamkompetenz gefördert sowie die Belastungen der Lehrer verringert haben (Denner 2000, S. 339). Nahezu alle Befragten würden wieder, teilweise nach einer Pause, an der Supervision teilnehmen (S. 354). Auch gehen 92% der Supervisionsteilnehmer davon aus, dass „die Beratung etwas, viel oder sogar sehr viel für die Zusammenarbeit in der Schule gebracht hat" (S. 358).

3. Theorien über Supervision

Supervision erfüllt ein Bedürfnis von Berufspraxis nach einer speziellen Weiterbildung und Reflexion. Dieser Bedarf wurde von den traditionellen akademischen Wissenschaften nicht abgedeckt. Das ist auch der Grund, weshalb in der Supervisionsliteratur viele Jahre lang Praxisberichte, teilweise mit Werbecharakter, dominierten und die Theoriebildung erst seit den Neunzigerjahren stattfindet. Wie ist der aktuelle Stand der Diskussion um die *Beratungswissenschaft Supervision*? Von Buer (1999, S. 22 f.) stammen einige grundlegende begriffliche Klärungen für die Supervision. Demnach stellt Supervision wie Unterricht, Weiterbildung, Training, Beratung oder Psychotherapie ein *Format* dar, also einen institutionalisierten Rahmen für berufliche Beziehungsarbeit. Derartige Formate werden vom Staat oder Berufsorganisationen durch spezielle Ausbildung und fachliche Standards geregelt; man bewegt sich in einer *professional community*. Kosten-Nutzen-Denken, Bürokratie und Marktmechanismen spielen dabei eine Rolle. In Ergänzung dazu versteht man unter einem *Verfahren* einen stimmigen theoriegeleiteten Handlungsansatz für Beziehungsarbeit. Dazu gehören beispielsweise die Montessori-Pädagogik, Gruppendynamik, systemische Therapie oder Psychoanalyse. „Diese Verfahren wurden zumeist außerhalb der akademischen Wissenschaften, oft gerade als Alternative dazu, von charismatischen Pionieren entwickelt und verbreitet. Sie sind eher ganzheitlich orientiert und auf eine originäre Kunst der

Lebensführung ausgerichtet. Das mit den Verfahren verbundene Wissen und Können ist stark personengebunden und wird primär in einem ‚Meister-Schüler-Verhältnis' mündlich (oral) weitergegeben. Verfahren sind weniger an der Umsetzung von Vorschriften und der Erfüllung von Aufträgen interessiert, sondern eher an der Realisierung einer konkreten humanen Utopie" (Buer 1999, S. 23).

Die Tatsache, dass bei diesen Aus- und Weiterbildungen oft auch höchst persönliche Lebensprobleme zur Sprache kamen, führte dazu, dass sie zuweilen mit der Aura des Geheimnisvollen und Intimen umgeben wurden. Teilweise ist das auch noch bei der Supervision – zu Unrecht – der Fall. Einerseits fanden die Verfahren der Supervision schwer und spät Eingang in die Wissenschaften; andererseits waren sie jedoch in ihrer Aussagekraft und Publikumswirksamkeit viel populärer als die Resultate der akademischen Wissenschaften. Schon aus dieser Entwicklung heraus, wie auch aufgrund der komplexen Berufspraxis, ist Supervision notwendig interdisziplinär angelegt. Deshalb gibt es meiner Ansicht nach nicht *den* einzig richtigen und idealen Ansatz zur Supervision. Schon seit vielen Jahren hat sich ein buntes Nebeneinander aus verschiedenen Verfahren herausgebildet. Wie schon erwähnt, entstammt die Supervision anderen Formaten, meistens aus der Beziehungsarbeit (Beratung und Psychotherapie). Es haben dann Modifikationen für Ziele und Zwecke der Supervision stattgefunden. Welche Theorien zur Supervision, die über eine einzige psychologische oder psychotherapeutische Richtung hinausgehen, sind bekannt?

Der erste bekannte schulenübergreifende Supervisionsansatz wurde schon zu Mitte der Achtzigerjahre von den schwedischen Autoren *Bernler* und *Johnsson* publiziert. Eine deutsche Übersetzung erschien 1993. Der schwedische Entwurf beruht auf *zwei Schwerpunkten*: erstens der *psychodynamischen Theorie*. Hierzu zählen das Wissen aus tiefenpsychologischer Sicht über das Individuum, das gruppendynamische Wissen sowie die Wissensbestände aus der Familientherapie; zweitens gehört zu diesem Entwurf die *Systemtheorie* einschließlich ihrer Weiterführung als *Kommunikationstheorie*. Allerdings kann diese Konzeption die Teamarbeit und eine organisationsbezogene Betrachtung nicht berücksichtigen. Ähnlich wie der schwedische Ansatz hat sich die niederländische Supervisionstheorie weitgehend unabhängig von der deutschsprachigen Szene entwickelt. Statt Anleihen aus der Psychotherapie zu nehmen, orientierte man sich eher an pragmatischen pädagogischen Konzepten aus der Tradition der *Agogik* (Siegers 1974). Supervision stellt in den Niederlanden eine Lehr-Lerntheorie dar. Psychologisches (psychodynamisches) und organisationswissenschaftliches Wissen stehen *nicht* im Zentrum dieses Ansatzes. Methodisches Handeln in Bezug auf Denken, Wollen, Verhalten u.a. wird in Beziehung gesetzt zu spezifischen beruflichen Qualifikationen und Situationen innerhalb eines gesellschaftlichen Rahmens. Es handelt sich um einen *metatheoretischen Ansatz* bzw. um ein *multi-paradigmatisches Modell* (v. Kessel 1994, S. 124f.).

Im deutschen Sprachraum sind es vor allem zwei integrative Ansätze, die sich bemühen, umfassende Modelle der Supervision zu beschreiben.

Im Jahre 1990 erschien das Buch von *Rappe-Giesecke* mit dem Titel „Theorie und Praxis der Gruppen- und Teamsupervision" (zweite Auflage 1994). Darin wird Supervision in systemtheoretischer Sichtweise verstanden als eine *Beratung zweiter Ordnung*, also eine *Beratung für Berater und Multiplikatoren* und nicht für die „Endverbraucher".

Das Problem der Vielfalt von Konzepten und Methoden meistert die Autorin dadurch, dass sie eine „Sichtweise der Supervision" einführt, „die nicht identisch ist mit der Sichtweise und der Begrifflichkeit eines Konzepts von Supervision. Es ist mit anderen Worten ein metatheoretischer Standpunkt nötig" (1990, S. 5). Dafür benutzt sie die Systemtheorie und die Kommunikationstheorie, „um eine von den Konzeptualisierungen der Praktiker unabhängige Beschreibungssprache zu gewinnen" (S. 5). Balint-Gruppenarbeit, psychoanalytisch orientierte Gruppentherapie, Organisationsentwicklung und angewandte Gruppendynamik sowie die soziologisch orientierten Systemtheorien werden nun in die Möglichkeiten dieser Team- und Gruppensupervision „eingebaut" (S. 11 ff.).

Mit diesem Konzept kann Rappe-Giesecke drei Leistungen oder *Programme* der Supervision anbieten:

(1) „Das *erste Programm ist die Fallarbeit*, das auf der Methode der Balint-Gruppenarbeit basiert und die Psychodynamik der Professional-Klient-Beziehung erfasst.

(2) Das *zweite Programm heißt Selbstthematisierung*, es greift Methoden der Gruppentherapie und Gruppenselbsterfahrung auf. In diesem Programm kann man die psychodynamischen Beziehungen in der Supervisionsgruppe und im Team, sofern es Konflikte hat, die nicht institutioneller, sondern gruppendynamischer Natur sind, thematisieren.

(3) Das *dritte Programm,* die *Institutionsanalyse*, hat ihre Wurzeln in der ‚angewandten Gruppendynamik', in der ‚Sozioanalyse' und der ‚Organisationsentwicklung' " (S. 5).

Ein Jahr später wurde von *Schreyögg* ein Theoriemodell zur Supervision vorgestellt. Ähnlich wie vorher Rappe-Giesecke verwendet sie für die Settings Einzel-, Gruppen- und Teamsupervision unterschiedliche konzeptionelle und theoretische Ansätze. Diese werden in ein „metatheoretisches Modell" integriert. Es existiert eine Stufung von „oben" nach „unten". An der Spitze stehen abstrakte Theorien, Menschenbild, ethische Prämissen sowie allgemeine Ziele. Auf einer „darunter liegenden" Ebene werden dann alle verfügbaren Wissensbestände auf ihre Brauchbarkeit und Übereinstimmung mit den vorgenannten Postulaten für die Supervision untersucht und eingebaut; beispielsweise Psychoanalyse, Gestalttherapie, Psychodrama, Gruppendynamik, Gruppentherapien, Balint-Arbeit und Organisationstheorien sowie spezielle Theorien für die Supervision in unterschiedlichen Feldern und Zusammenhängen. Weiter „unten" angesiedelt finden sich als „Praxeologie" praktisch verwertbare Bestandteile aus diesen Theorien für die Supervisionsarbeit; etwa hinsichtlich der Interventionen, der Prozesse oder der Settings in der Supervision. Erst dann kommt es zu praktischen Überlegungen in unterschiedlichen Zusammenhängen (Schreyögg 1991, S. 82 ff.). Das theoretische Modell von Schreyögg geht zurück auf ein Metatheorie-Konzept von Petzold, in welchem dieser alle relevanten Zusammenhänge von Supervision (wie auch Beratung und Psychotherapie) in einem „Tree of Science" zusammenstellt (Petzold 1998).

4. Supervision benötigt weitere Bezugswissenschaften

Die Supervision ist aus den aktuellen Bedürfnissen der Praxis heraus entstanden und wohl auch deswegen erst etwa einhundert Jahre nach ihren Anfängen in den Rang einer wissenschaftlichen Disziplin gelangt. Ihr fällt es heute noch schwer, sich von der Dominanz der Sozialarbeit und besonders von den pychotherapeutischen Verfahren zu lösen. In den letzten Jahren ist es ansatzweise gelungen, Erkenntnisse der Organisationswissenschaften in die Supervision zu integrieren. Wenn die Supervision auch Reflexion von Arbeit ist, weshalb hat sie es bis heute nicht geschafft, Ergebnisse weiterer wissenschaftlicher Disziplinen zu berücksichtigen, die sich mit Arbeit beschäftigen? Damit meine ich vor allem entsprechende Beiträge der Wirtschaftswissenschaften, speziell der *Personalentwicklung*, sowie die Resultate der Arbeits-, Betriebs- und Organisationspsychologie („ABO-Psychologie"). Allerdings ist diese Ignoranz nicht einseitig. Denn ein Blick in die Literatur der *Personalentwicklung* bzw. der *ABO-Psychologie* zeigt, dass man dort auch kaum über das informiert ist, was die Supervision anzubieten hat. Eine Ausnahme bilden einige Titel aus der grundlegenden Management-Literatur; etwa das Standardwerk von Staehle über Management (1989). Über die Personalentwicklung wurde oben schon einiges gesagt (S. 50 ff.). Bei der Personalentwicklung, als Teil der Wirtschaftswissenschaft, handelt es sich um einen zentralen Managementbereich, der vorwiegend Personalauswahl und Personalführung im Blickpunkt hat. Dazu gehören Einstellungsgespräche, Assessment Centers, Kommunikation mit Mitarbeitern sowie Weiterbildungsmaßnahmen. Im Zentrum des Personalmanagements steht der Versuch, die Arbeitsleistung der Beschäftigten zu angemessenen Kosten auf einem erwünschten Qualitätsniveau zu sichern. Zwischen *ABO-Psychologie* und Personalentwicklung bestehen viele Parallelen und Übergänge.

Wie steht es um den potenziellen Beitrag der *ABO-Psychologie* zur Supervision? Schon seit dem Jahre 1912 beschäftigt sich dieser disziplinäre Schwerpunkt der Psychologie mit Fragen der menschlichen Arbeit, ihrer Interaktion und Organisation (Münsterberg 1912).

Im Forschungsmittelpunkt der *ABO-Psychologie* stehen Fragen von Stress am Arbeitsplatz, Motivation zu Arbeit und Leistung, Humanisierung bei der Arbeit, Managementtechniken, Personalauswahl oder Fragen der Arbeitsabläufe. Ein großer Forschungsbereich stellt neben der Arbeitsgestaltung die Schnittmenge „Mensch-Maschine" bzw. „Mensch-Computer" dar (Greif 1994). Auch die für die Supervision wichtige Gesprächsführung und Gruppenarbeit bilden Schwerpunkte der ABO-Forschung (Greif u.a. 1997, S. 109ff.). Ich habe bisher keine Hinweise in der reichhaltigen Supervisions-Literatur gefunden, wonach dort dieser wertvolle empirische Forschungsstand zur Kenntnis genommen wurde. Es bleibt zu hoffen, dass die Supervision diese beiden Nachbardisziplinen künftig mehr integrieren kann.

Jenseits der Theoriediskussion soll dargestellt werden, welches die im deutschen Sprachraum geläufigen praktischen Verfahren zur Supervision sind. In einer Umfrage aus dem Jahre 1995 wird deutlich, dass psychotherapeutische Verfahren sehr oft angewendet werden. Die folgende Aufzählung stellt gleichzeitig die Häufigkeit verschiedener *Verfahren* in der *Supervision* dar:

- Psychoanalyse
- systemische Beratung
- Gruppendynamik
- Gesprächspsychotherapie
- Gestalttherapie
- Psychodrama
- Themenzentrierte Interaktionelle Methode
- Verhaltenstherapie

Tab. 4: Supervision als Format

Diese Darstellung verdeutlicht die interdisziplinären Bezüge, das Grundlagenwissen, Verfahren und Arbeitsformen (Settings/Modalitäten) der Supervision

	THEORIE
	Bezugswissenschaften
	Sozialarbeit
	Psychoanalyse
	Pädagogik
	Soziologie
	(Rollen- und Gruppensoziologie)
	Psychologie
	(Sozialpsychologie, Arbeits-, Betriebs- und Organisationspsychologie)
	Kommunikationstheorie
	Systemtheorie
	Ökonomie
	(Personalentwicklung)
	Organisationstheorie
	PRAXIS
	Zweiersituation
	Verfahren, Arbeitsformen, Settings, Modalitäten
Beratung	Einzelsupervision
Psychotherapie	Coaching
	Gruppensituation
Gruppendynamik	Gruppensupervision (einander unbekannte Personen)
Gruppenanalyse	Teamsupervision (kooperierende Arbeitsgruppe)
Psychodrama	Peer-Group-Supervision, Kollegensupervision, Intervision (Supervision ohne Supervisor)
	Organisationszusammenhang
	Personalentwicklung
	Arbeits-, Betriebs- und Organisationspsychologie
	Organisations- bzw. Institutionssupervision
	Organisationsberatung
	Organisationsentwicklung

Dabei wurde auch deutlich, dass die Supervision „gleichsam ein Seitenast am Baum der Therapie ist". Inzwischen haben nahezu alle bekannten Richtungen von Beratung und Psychotherapie eigene Konzepte und Ausbildungsgänge zur Supervision entwickelt. Inhaltlich hat sich die Supervision aber längst von der Sozialarbeit und Psychotherapie emanzipiert und durch Arbeitsorientierung, Fallbezug sowie Schwerpunktsetzung auf Gegenwart und Zukunft andere Akzente gesetzt. Die meisten Supervisorinnen verwenden durchschnittlich mehr als drei Verfahren (Hege 1996, S. 104). Folglich sind die Supervisorinnen auch gegen eine Begrenzung der Supervision auf eine Richtung. Sieht man einmal von den wenigen schulenübergreifenden Theorieentwürfen (etwa von Rappe-Giesecke und Schreyögg) ab, so befinden sich viele Darstellungen in der Fachliteratur auf der Ebene einer Praxisbeschreibung, einer Praxeologie oder Praxiswissenschaft. In der Realität des Supervisionsalltages gelten die Worte von Buer: „Jeder Supervisor muss sich das Verfahren wählen und zurechtschneiden bzw. den Verfahrensmix zusammenstellen und verkörpern, der es ihm ermöglicht, diese Qualität der supervisorischen Beziehung zu seinen Supervisanden herzustellen" (1999, S. 24). In jedem Falle sollte ein Supervisor allerdings über die jeweilige Verwendung von Verfahren bzw. den jeweiligen Gebrauch von Methoden und Interventionen offen Rechenschaft ablegen können.

5. Schlussbemerkung

Mein Anliegen war es, den Nutzen der Supervision für eine Vielzahl von Berufen zu beschreiben. Supervision ist ein interdisziplinäres Beratungs- und Weiterbildungsformat mit flexiblen Möglichkeiten. Die Anwendungsformen der Supervision sind immer vielfältiger geworden; man kann sie in den meisten beruflichen Feldern mit unterschiedlichen Zielen und Schwerpunkten einsetzen. Viele Jahre lang dominierte die Einzelsupervision. Dann kam durch die zunehmende Bekanntheit von Gruppenwissen und Gruppenpraktiken die Gruppensupervision, später noch die Teamsupervision hinzu. Innerhalb der letzten zehn Jahre tauchen dann eine Anzahl neuer Begriffe und Angebote auf: Leitungsberatung, Coaching, Organisationssupervision, Organisationsberatung sowie Organisationsentwicklung. Wirtschaftswissenschaftliches und organisationswissenschaftliches Denken ist bei manchen Supervisorinnen und Supervisoren zur ursprünglichen Feld- und Beratungskompetenz hinzugekommen. Wie schon erwähnt, müssen die Personalentwicklung sowie die ABO-Psychologie noch in Theorie und Praxis der Supervision integriert werden.

Ich hoffe, dass auch deutlich geworden ist, dass die Supervision zu jenen Tätigkeiten gehört, deren „wirkliches Wesen man nur von innen her erkennen kann" (Wittenberger 1990, S. 19). Das mag auch ein Grund dafür sein, dass viele Erkenntnisse und Leistungsmöglichkeiten der Supervision immer noch viel zu wenig bekannt sind. Die Stellungnahmen zur Supervision sind oft gespalten. Wer die Supervision noch nicht kennt, aber eventuell davon gehört hat, lehnt sie manchmal ab.

Wer Supervision persönlich kennen gelernt hat, wird sie, von geringen Ausnahmen abgesehen, positiv bewerten und weiterempfehlen.

Natürlich ist die Supervision kein allzuständiges Wundermittel; sie kann Probleme, die durch personelle oder finanzielle Mängel entstanden sind, nicht beheben.

Den Leserinnen und Lesern, die Supervision noch nicht kennen, möchte ich einfach empfehlen, sie einmal auszuprobieren.

Das folgende abschließende Schaubild geht über die Thematik dieses Buches hinaus. Es möchte die Supervision mit ihren Aufgaben und Möglichkeiten in einem größeren Zusammenhang hinsichtlich der „lernenden Organisation" darstellen. Deutlich wird, dass die Supervision wie die anderen Verfahren sowohl „drinnen" als auch „draußen" ist.

Zusammenhänge von Supervision und „lernender Organisation“

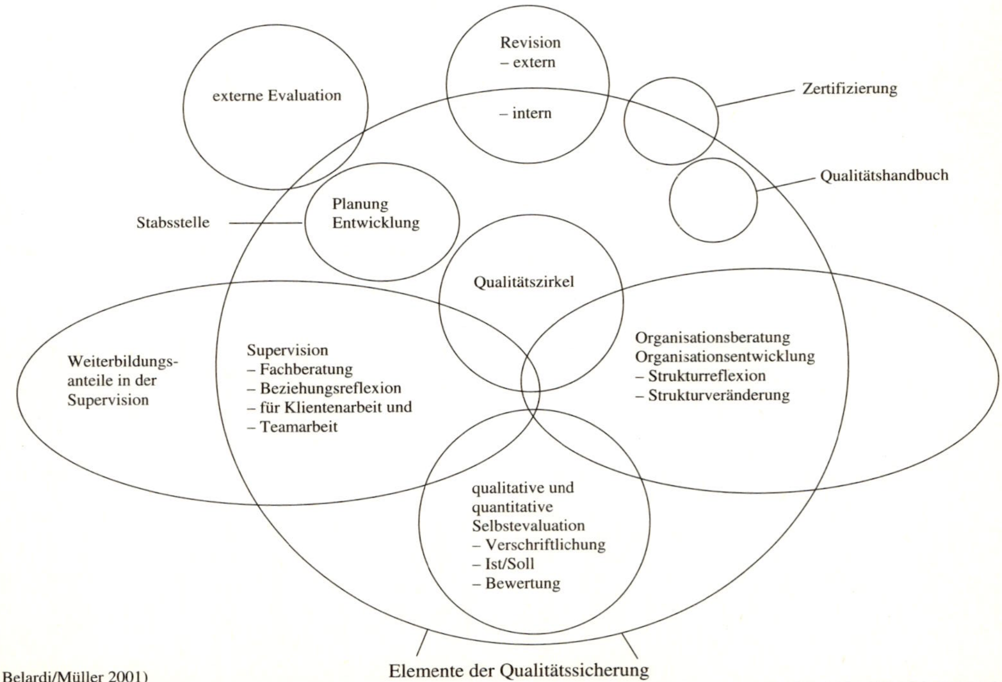

(© Belardi/Müller 2001)

VII. Anhang

1. Lesehinweise

Bücher:

Belardi, N.: Supervision. Von der Praxisberatung zur Organisationsentwicklung. Paderborn 1992 (zweite Auflage 1994).

Belardi, N.: Supervision. Eine Einführung für soziale Berufe. Freiburg 1996 (zweite Auflage: 1998).

Buer, F.: Lehrbuch der Supervision. Münster 1999.

Pühl, H. (Hg.): Handbuch der Supervision. Berlin 1990.

Pühl, H. (Hg.): Handbuch der Supervision 2. Berlin 1994.

Pühl, H. (Hg.): Supervision und Organisationsentwicklung. Opladen 1999.

Schmidbauer, W.: Die hilflosen Helfer. Reinbek 1977 (auch Taschenbuchausgaben).

Schreyögg, A.: Coaching. Frankfurt am Main 1995.

Zeitschriften:

DGSv-aktuell (Deutsche Gesellschaft für Supervision, Köln).

Forum Supervision (Edition Diskord, Tübingen).

Organisationsberatung, Supervision, Clinical Management (Verlag Leske und Budrich, Opladen).

Supervision (Votum Verlag, Münster).

Supervisie in opleiding en beroep. Tijdschrift voor professioneel begeleiden (Bohn Stafleu Van Loghum, Houten/Niederlande).

The Clinical Supervisor (The Haworth Press, New York/USA).

2. Anschriften

Berufsverband für Supervisorinnen und Supervisoren Südtirols
Brennerstraße 2, I-39100 Bozen

Berufsverband für Supervision und Organisationsberatung (BSO)
Gutenbergstraße 33, CH-3011 Bern

Association of National Organizations for Supervision in Europe (ANSE)
Schwarztorstraße 22, CH-3007 Bern

Deutsche Gesellschaft für Supervision (DGSv.)
Flandrische Straße 2, 50674 Köln

Österreichischer Verein für Supervision (ÖVS)
Hießbergergasse 13, A-3002 Purkersdorf bei Wien

3. Literaturverzeichnis

Adorno, T.W.: Tabus über den Lehrerberuf. In: Adorno, T.W.: Stichworte. Kritische Modelle 2. Frankfurt am Main 1969.

Aichhorn, A.: Verwahrloste Jugend. (Erstausgabe: 1925). Stuttgart 1974.

Antons, K.: Praxis der Gruppendynamik. Göttingen 1992.

Auckenthaler, A.: Supervision psychotherapeutischer Praxis. Stuttgart 1995.

Balint, M.: Der Arzt, sein Patient und die Krankheit. Stuttgart 1965.

Belardi, N.: Supervision. Von der Praxisberatung zur Organisationsentwicklung. Paderborn 1992.

Belardi, N.: Supervision in den USA – heute. In: Organisationsberatung, Supervision, Clinical Management 2/1994.

Belardi, N.: Beratung. Weinheim und Basel 1996.

Belardi, N.: Supervision. Eine Einführung für soziale Berufe. Freiburg 1998 (zweite Auflage).

Belardi, N./Fisch, M.: Altenhilfe. Weinheim und Basel 1999.

Berker, P./Buer, F. (Hg.): Praxisnahe Supervisionsforschung. Münster 1998.

Bermejo, I./Muthny, F.A.: Burn-out und Bedarf an psychosozialer Fortbildung und Supervision in der Altenpflege. Münster 1994.

Bernler, G./Johnsson, L.: Supervision in der psychosozialen Arbeit. Weinheim und Basel 1993. (Schwedische Erstausgabe: 1985).

Bernfeld, S.: Sisyphos oder die Grenzen der Erziehung. (Erstausgabe: 1925). Frankfurt am Main 1970.

Brackett, J.: Supervision and Education in Charity. New York 1903.

Brück, H.: Die Angst des Lehrers vor seinem Schüler. Reinbek 1978.

Brück, H.: Seminar der Gefühle. Reinbek 1986.

Buchinger, K.: Supervision in Organisationen. Heidelberg 1997.

Buchinger, K.: Die Zukunft der Supervision. Heidelberg 1999.

Buer, F.: Lehrbuch der Supervision. Münster 1999.

Bundesminister für Jugend, Familie, Frauen und Gesundheit (Hg.): Achter Jugendbericht. Bonn 1990.

Carrier, M.: Supervision erhöht Arbeitsqualität. In: Altenheim 10/1994.

Cherniss, C.: Jenseits von Burnout und Praxisschock. Weinheim und Basel 1999.

Chin, R./Benne, K.D.: Strategien zur Veränderung sozialer Systeme. In: Bennis, W. u.a.: (Hg.): Änderung des Sozialverhaltens. Stuttgart 1965.

Denner, L.: Gruppenberatung für Lehrer und Lehrerinnen. Bad Heilbrunn 2000.

Deutscher Bundestag (Hg.): Bericht über die Lage der Psychiatrie in der Bundesrepublik Deutschland. Bonn 1975.

Dorando, M./Grün, J.: Coaching mit Meistern. In: Supervision 24/1993.

Fallner, H.: Kompetenz-Entfaltung in der Lehrsupervision. In: Eckhardt, U.-L. u.a. (Hg.): System Lehrsupervision. Aachen 1997.

Fengler, J.: Soziologische und sozialpsychologische Gruppenmodelle. In: Petzold, H./Frühmann, R. (Hg.): Modelle der Gruppe. Band 1. Paderborn 1986.
Fengler, J.: Süchtige und Tüchtige. München 1994.
Frieling, E./Sonntag, K.: Arbeitspsychologie. Bern, Stuttgart, Toronto 1987.
Fürstenau, P.: Zur Theorie psychoanalytischer Praxis. Stuttgart 1979.
Fürstenau, P.: Entwicklungsförderung durch Therapie. München 1992.
Gaertner, A.: Gruppensupervision. Tübingen 1999.
Glotz, P.: Die beschleunigte Gesellschaft. München 1999.
Greif, S.: Gegenstand und Aufgabenfelder der Arbeits- und Organisationspsychologie. In: Greif, S./Bamberg, E. (Hg.): Die Arbeits- und Organisationspsychologie. Göttingen 1994.
Greif, S. u. a.: Arbeits- und Organisationspsychologie. Weinheim 1997.
Hacker, W.: Allgemeine Arbeitspsychologie. Bern, Göttingen 1998.
Hapke, E.: Über Supervision. In: Rundbrief Gilde Soziale Arbeit 2/1952.
Hege, M.: Konzeptionsfragen der Supervision. In: Supervision 29/1996.
Heigel-Evers, A.: Konzepte der analytischen Gruppenpsychotherapie. Göttingen 1978.
Hirsch, R. D.: Balint-Gruppenarbeit in der Altenhilfe. Köln 1992.
Huppertz, N.: Supervision. Neuwied und Darmstadt 1975.
Jugert, G.: Zur Effektivität pädagogischer Supervision. Frankfurt am Main 1998.
Kaupp, B.: Supervision im Reisebüro. In: Forum Supervision 2/1993.
Kersting, H.-J.: Supervision in der Gruppe – eine Spezialform der Sozialen Gruppenarbeit. In: Kersting, H.-J./Neumann-Wirsig, H. (Hg.): In Aktion. Systemische Organisationsentwicklung und Supervision. Aachen 2000.
Kessel, van, L.: Das niederländische Supervisionskonzept. In: Organisationsberatung, Supervision, Clinical Management 2/1994.
Kühl, W./Schindewolf, R. (Hg.): Supervision und das Ende der Wende. Opladen 1999.
Kühl, W./Pastäniger-Behnken, C.: Supervision in Thüringen (1) – eine erste Bestandsaufnahme im Bereich der Sozialen Arbeit. In: Kühl, W./Schindewolf, R. (Hg.): Supervision und das Ende der Wende. Opladen 1999.
Lazar, R. A.: W. R. Bions Modell „Container-Contained“ als eine (psychoanalytische) Leitidee in der Supervision. In: Pühl, H. (Hg.): Handbuch Supervision 2. Berlin 1994.
Leffers, C.-J.: Kritische Anmerkungen zu organisationsinterner Supervision. In: Supervision 12/1987.
Lievegoed, B. C. J.: Organisationen im Wandel. Bern und Stuttgart 1974.
Marquard, A. u. a.: Psychische Belastungen in helfenden Berufen. Opladen 1993.
Mertens, W.: Psychoanalyse. Geschichte und Methoden. München 1997.

Meyer, A. E. u.a.: Forschungsgutachten zu Fragen eines Psychotherapeutengesetzes (im Auftrage des Bundesministeriums für Jugend, Frauen, Familie und Gesundheit). Hamburg 1991.
Müller, C. W.: Wie Helfen zum Beruf wurde. Weinheim und Basel. Band 1, 1982 (mehrere Neuauflagen).
Münsterberg, H.: Psychologie und Wirtschaftsleben. Leipzig 1912.
Neuberger, O.: Personalentwicklung. Stuttgart 1991.
Neuberger, O.: Mikropolitik. Stuttgart 1995.
Petzold, H. G.: Integrative Supervision. Paderborn 1998.
Puch, H.-J.: Organisation im Sozialbereich. Freiburg 1994.
Pühl, H. (Hg.): Handbuch der Supervision. Berlin 1990.
Pühl, H. (Hg.): Handbuch der Supervision 2. Berlin 1994.
Pühl, H. (Hg.): Handbuch der Supervision und Organisationsberatung. Opladen 1999.
Rappe-Giesecke, K.: Theorie und Praxis der Gruppen- und Teamsupervision. Berlin 1990 (zweite Auflage 1994).
Reifarth, W.: Zur Bedeutung von Supervision in der sozialen Arbeit. In: Nachrichtendienst des Deutschen Vereins für öffentliche und private Fürsorge 3/1995.
Ricken, H.-J.: Supervision in der Polizei. In: Forum Supervision 3/1994.
Ringshausen-Krüger, Margarete: Die Supervision in der deutschen Sozialarbeit. Entwicklung von Konzeptionen, Methoden und Strukturen 1954–1974. Eine textanalytische Untersuchung (Diss. Phil. Universität Frankfurt am Main). Frankfurt am Main 1977.
Rotering-Steinberg, S.: Anleitung zur Kollegialen Supervision. Tübingen 1999.
Sauter, W.: Vom Vorgesetzten zum Coach. Weinheim 1994.
Scala, K./Grossmann, R.: Supervision in Organisationen. Weinheim und München 1997.
Schein, E.: Process Consultation. Vol. I. Reading (Ma.) 1988 (zweite Auflage).
Schein, E.: Process Consultation. Vol. II. Reading (Ma.) 1987.
Schmelzer, D.: Verhaltenstherapeutische Supervision. Göttingen 1997.
Schmidbauer, W.: Die hilflosen Helfer. Reinbek 1977.
Schneider, K. D./Müller, A.: Evaluation von Supervision. In: Supervision 27/1995.
Schreyögg, A.: Supervision. Paderborn 1991.
Schreyögg, A.: Supervision. Didaktik und Evaluation. Paderborn 1994.
Schreyögg, A.: Coaching. Frankfurt am Main 1995.
Schreyögg, A.: Coaching. Fitting für Führungskräfte. In: Report Psychologie 22 (2/1997).
Schreyögg, A.: Was hat die „neue Flexibilität“ mit Angst zu tun? In: Organisationsberatung, Supervision, Clinical Management 3/2000.
Selter, J., u. a.: Supervision im psychologischen Training. In: Organisationsberatung, Supervision, Clinical Management 4/1995.

Siegers, F. N. J. (Hg.): Praxisberatung in der Diskussion. Freiburg 1974.

Stahmer, I./Brauner, T.: Öffentliche Verwaltung. Über große Pläne und kleine Schritte, eine soziale Institution zu verändern. In: Pühl, H. (Hg.): Handbuch Supervision 2. Berlin 1994.

Staehle, W.: Management. München 1989.

Teuchert, R.: Personalentwicklung und Beratung. Stuttgart 1995.

Trebesch, K. (Hg.): Organisationsentwicklung. Stuttgart 2000.

Weigand, W.: Die Faszination des Geldes und des fremden Feldes. Supervision in Wirtschaftsunternehmen. In: Supervision 24/1993.

Weigand, W.: Der Supervisor als Coach. In: DGSv-aktuell 4/2000.

Werner, K.: Stationssupervision in der Inneren Medizin. In: Pflegezeitschrift 7/1995.

Wiedauer, H.: Supervision für Institutionen und ihre Mitarbeiter: Am Beispiel der Veränderung des Arbeitsklimas im Krankenhaus. In: Brandau, H. (Hg.): Supervision aus systemischer Sicht. Salzburg 1991.

Wittenberger, G.: Supervisionsausbildung und Lehrsupervision. In: Boettcher, W./Leuschner, G. (Hg.): Lehrsupervision. Beiträge zur Konzeptentwicklung. Aachen 1990.

4. Register